# Suppen & Eintöpfe

Johanna Handschmann

# Suppen & Eintöpfe

Bassermann

# Inhalt

*Blumenkohlcremesuppe mit Safran*

*Paprikacremesuppe mit Knoblauchchips*

*Zwiebelsuppe*

*Lammcurry mit Aprikosen*

# Überall beliebt: Suppen und Eintöpfe

Ob in Deutschland, Italien, Spanien, Mexiko oder China – Suppen gehören einfach dazu. Ein richtiges Essen ohne Suppe ist für viele undenkbar.
Suppen können stimulierender Auftakt einer Mahlzeit sein, sie wärmen oder »öffnen« den Magen, vermitteln ein wohliges Gefühl, sie regen die Verdauung an, sie sättigen angenehm bei kleinem Appetit, ergänzen sehr gut eine süße Hauptmahlzeit und schmecken selbst zu nächtlicher Stunde als »Durchhaltemittel« bei längeren Festen. Suppen sind einfach universal, genial und vor allem einfach zuzubereiten.
Eintöpfe heißen die gehaltvolleren Suppen mit etwas dickerer Konsistenz. Sie werden in der Regel als vollständige Mahlzeit serviert. Eintöpfe sind praktisch, wenn viele Leute verköstigt werden sollen und wenn man nicht viel Zeit zum Kochen hat. Denn Eintöpfe lassen sich sehr gut vorbereiten und schmecken nach kurzem Aufwärmen oft noch besser als frisch gekocht.

## Unendliche Variationen

Für Suppen gibt es unzählige Rezepte, da man sie aus fast allen Nahrungsmitteln zubereiten kann. Beliebige Zutaten wie Gemüse, Getreide, Fleisch oder Fisch werden mit Wasser oder speziellen Flüssigkeiten

*»Eine Suppe stimmt den Magen freundlich.« Dieses alte Sprichwort hat nach wie vor seine Gültigkeit.*

gekocht und gewürzt. Aus diesem einfachen Grundrezept ergeben sich unzählige Varianten, da man bei Suppen sehr viele verschiedene Zutaten kombinieren kann.
Die Konsistenz von Suppen kann dünnflüssig oder cremig sein. Angedickt werden sie mit stärkereichen Bindemitteln, wie Mehl, Grieß, Kartoffeln, Reis, oder auch nur mit püriertem Gemüse. Suppen können mager oder fett sein – ganz nach individuellen Ansprüchen und Belieben lässt sich das alles beim Kochen steuern.

## Für jeden etwas

Ob fleischhaltig oder vegetarisch, ob mager oder gehaltvoll, ob scharf oder mild, für alle Situationen können Sie Ihre Lieblingssuppe finden.
Sie merken schon: Für die Suppenküche gibt es keine starren Regeln – erlaubt ist, was schmeckt. Neben beliebten Klassikern gibt es viele neue Kombinationen. Lassen Sie sich von den Rezepten in diesem Buch inspirieren, und entwickeln Sie ruhig auch Ihre eigenen Abwandlungen. Alle Rezepte sind nach den neuesten ernährungswissenschaftlichen Erkenntnissen zusammengestellt. Die beliebten Klassiker wurden der zeitgemäßen fettarmen und mineralstoffreichen Ernährung angepasst. Und als Grundbrühe wird meist Gemüsebrühe verwendet: Auch ein deftiger Fleischtopf schmeckt mit Gemüsebrühe. Dadurch wird nicht nur der Fettanteil gegenüber dem herkömmlichen Fleischtopf gesenkt, sondern es wird auch noch der Basenanteil der Ernährung erhöht. Viele der folgenden Rezeptbeispiele sind vegetarisch oder lassen sich leicht dahin gehend abwandeln.
Bei einer Menüplanung sollte die Auswahl der Suppe auf die anderen Menüzutaten abgestimmt sein. So passt beispielsweise keine Tomatensuppe, wenn als Vorspeise ein Tomatensalat gereicht wird. Die Zutaten sollten im Sinne einer ausgewogenen Ernährung gewählt werden.

*Suppen kann man leicht für verschiedene Ernährungsbedürfnisse abwandeln: Magere Suppen vertragen eine Verfeinerung mit Eigelb oder Sahne, und fette Brühen kann man mit kleinen Tricks weniger fett machen.*

# Tipps und Tricks aus der Suppenküche

**Suppengrün** (Zwiebel, Porree, Möhre, Sellerie) vorbereiten: Suppengrün waschen und putzen. Die geputzten Gemüse nach Belieben zusammengebunden, lose oder klein geschnitten mitkochen. Getrocknetes Suppengrün kann auch in einem so genannten Tee-Ei oder einem Stoffsäckchen in der Suppe mitgekocht werden.

*Zwiebeln gehören als geschmacksgebende Komponente in jede Brühe.*

**Zwiebeln** geben Geschmack und Farbe: Zwiebeln nur von der äußeren Schale befreien, die restliche Schale verleiht der Suppe einen schönen Goldton. Man kann Zwiebelhälften auch mit der Schnittfläche auf dem heißen, trockenen Topfboden goldbraun rösten und dann die Flüssigkeit zugeben.

**Reste von Brühen** stark einkochen lassen, in kleine Tiefkühldosen oder Eiswürfelbehälter füllen und einfrieren. Die Tiefkühlportionen nach Bedarf als Suppen oder Saucenbasis verwenden. Haltbarkeit im Tiefkühlgerät: bis zu 12 Monate. Haltbarkeit im Kühlschrank: 4-5 Tage.

**Frische Kräuter** erst vor dem Servieren in die Suppe geben.

**Brühe klären:** Auf 1 Liter Suppe 1 bis 2 verquirlte Eiweiße mit etwas kalter Suppe verrühren, in die Suppe einrühren und unter ständigem Rühren erhitzen. Das Eiweiß umschließt beim Gerinnen die Trübstoffe, und die Suppe wird klar. Den oben schwimmenden Eiweißschaum mit einem Schaumlöffel abschöpfen oder die Bouillon durch ein feines Sieb, ein Tuch oder festes Küchenpapier gießen.

**Gewürze** für die Suppe können, genau wie getrocknetes Suppengrün, in einem kleinen Stoffsäckchen oder in einem Tee-Ei in der Suppe mitgekocht werden.

## Wichtige Utensilien

**Schaumlöffel:** Das ist ein großer, flacher, gelochter Löffel, mit dem Schaum abgeschöpft oder Gargut aus der Flüssigkeit gehoben werden kann.

**Suppengeschirr:** Am besten servieren Sie die Suppe in tiefen Tellern oder Suppentassen.

**Suppentöpfe** sollten ausreichend groß sein, damit die Suppen bei aufliegendem Deckel nicht überkochen können.

Grundrezept

# FLEISCHBRÜHE/BOUILLON

**Für 6-8 Portionen:**
500 g Suppenknochen vom Rind, 1-2 Markknochen
750 g - 1 kg Rindfleisch zum Kochen (Wade, Brustkern oder Hochrippe)
2 Zwiebeln
2 Lorbeerblätter, 2 Nelken
Salz
4 Möhren
1 Sellerieknolle
1 Porreestange
1 Bund Petersilie
Pfeffer, frisch gemahlen
1-2 TL Instant-Gemüsebrühe

**20 Minuten**
**2-3 Stunden Garzeit**

**1** Knochen und Fleisch kalt abwaschen. Etwa 3 Liter kaltes Wasser in einen Topf geben, die Knochen hinzufügen. Wasser zum Kochen bringen. 2 bis 3 Teelöffel Salz hinzufügen und das Fleisch in das kochende Wasser legen. Sollte das Fleisch nicht ganz bedeckt sein, noch etwas Wasser nachgießen.

**2** Die Suppe kurz aufkochen lassen. Den entstehenden braunen Eiweißschaum mit einem Schaumlöffel entfernen, damit die Suppe nicht trüb wird. Bei schwacher Hitze etwa 1 Stunde kochen lassen.

**3** Einen kleinen Topf erhitzen. Zwiebel abziehen, quer durchschneiden. Je 1 Lorbeerblatt mit 1 Nelke an den Zwiebelhäften fixieren. Beide Hälften mit der Schnittfläche kurz auf dem heißen Topfboden goldbraun rösten. Mit etwas Wasser ablöschen, zur Suppe geben.

**4** Möhre und Sellerie waschen, schälen, grob zerteilen und dazugeben. Porree längs durchschneiden, waschen und in Stücke schneiden. Petersilie waschen und zusammen mit dem Porree im Ganzen dazugeben. Die Suppe 1 weitere Stunde langsam kochen lassen.

**5** Fleisch, Knochen, Gemüse mit einem Schaumlöffel herausheben oder die Suppe über ein Sieb abgießen. Zerkochte Gemüseteile entfernen. Möhren und Selleriestücke klein schneiden und nach Belieben als Suppeneinlage verwenden. Die Suppe, falls nötig, mit Salz und Gemüsebrühe würzen.

### Tipp

Das gekochte Fleisch als Suppeneinlage oder für einen Rindfleischsalat verwenden. In den Salat passt auch gut das gekochte Suppengemüse.

### Gesundheitstipp

Senken Sie den Fettgehalt der Brühe, indem Sie das Fett während des Kochens abschöpfen oder ein Stück Küchenpapier auf die nicht mehr kochende Suppenoberfläche legen und sofort wieder abheben.
Oder lassen Sie die Suppe abkühlen, und heben Sie dann die erstarrte Fettschicht einfach ab.

Grundrezept-Varianten

## Hühnerbrühe

Anstelle von Knochen und Fleisch, wie im Grundrezept Fleischbrühe angegeben, 1 Suppenhuhn mit den Gemüsen etwa 1 1/2 bis 2 Stunden oder 1 Brathähnchen 1 Stunde in der Brühe garen. Zusätzlich noch einige geschälte Kartoffeln oder Reis zusammen mit Möhre und Sellerie dazugeben.

## Fischbrühe

Für etwa 1 Liter Brühe benötigen Sie etwa 2 Kilogramm Fischabschnitte von Magerfischen, wie Seezunge, Zander oder Heilbutt. Falls Fischköpfe dabei sind, diese von Kiemen und Augen befreien. Fischteile abspülen. Dann Suppengemüse (Sellerie, Petersilienwurzeln, Porree) putzen und würfeln. Das Gemüse mit den Fischabschnitten in etwas Butter andünsten und etwa 2 Liter Wasser aufgießen. 1 Zwiebel mit 1 Nelke und 1 Lorbeerblatt spicken, mit etwas Salz und weißem Pfeffer dazugeben. 1 Zitrone schälen, in Scheiben schneiden und mitkochen lassen. Den Fischfond 20 bis 30 Minuten bei schwacher Hitze sieden lassen. Fond durch ein feines Sieb gießen.

## Gemüsebrühe

Für etwa 1 Liter Brühe 3 Kilogramm Gemüse (1 Kopf Weißkohl oder Wirsing, 500 Gramm Möhren, 250 Gramm Sellerie, 250 Gramm Kartoffeln und 250 Gramm Porree) putzen und in Stücke schneiden. Alle Gemüsestücke in einen großen Topf geben und mit 2 bis 3 Litern Wasser aufgießen. Das Gemüse muss vom Wasser bedeckt sein.
Salz, 1 Teelöffel Kümmel, 1 Lorbeerblatt, je 5 Pimentkörner und Nelken, 1 Teelöffel Thymian und reichlich frische, grob zerkleinerte Kräuter hinzufügen. Die Suppe aufkochen und bei schwacher Hitze zugedeckt 30 bis 40 Minuten kochen. Das Gemüse über ein Sieb abgießen und die Brühe zum Schluss mit Salz abschmecken.

*Selbst gemachte Brühen aus Geflügel, Fisch oder Gemüse bilden eine besonders aromatische Suppenbasis.*

Grundrezepte

# Suppeneinlagen für klare Brühen

Ganz schnelle Suppeneinlagen sind Gemüsestifte, Backerbsen, Suppennudeln, gekochter Reis, geröstete Brotwürfel, Tortellini oder einfach nur verquirltes Ei. Doch wenn Sie etwas mehr Zeit haben, lohnt sich die Zubereitung einer der folgenden Suppeneinlagen.

## Grießnocken mit Käse

40 Gramm weiche Butter mit 100 Gramm feinem Hartweizengrieß, 1 Ei, je 50 Gramm Quark und geriebenem Käse, Salz und Muskat verrühren. 2 bis 3 Esslöffel gehackte Kräuter untermischen. Aus der Masse mit einem kleinen Löffel Nocken formen und diese etwa 10 Minuten in der Brühe ziehen lassen.

## Kräutergrießnocken

1/4 Liter Milch aufkochen und 40 Gramm Butter darin schmelzen lassen. Mit Salz und Muskat würzen. 100 Gramm Hartweizengrieß unter Rühren zugeben, 1 bis 2 Minuten abbrennen.
5 Minuten ausquellen lassen. Je 1 Bund Petersilie und Schnittlauch fein hacken und in die Grießmasse einarbeiten. 1 Ei in den abgekühlten Brei rühren. Nocken abstechen, in die Brühe geben, bei schwacher Hitze etwa 15 Minuten ziehen lassen.

## Eierstich

2 Eier mit 4 Esslöffeln Milch, Salz, Muskat verquirlen. Eine Tasse leicht buttern, Eiermilch einfüllen und mit Alufolie verschließen. Eierstich im Wasserbad in etwa 20 Minuten stocken lassen. Aus dem Wasserbad nehmen. Die gestockte Eimasse mit einem Messer vom Rand der Form lösen, auf ein Brett stürzen, in kleine Würfel schneiden.

## Flädle

Für Flädle (Pfannkuchenstreifen) 1 Ei, 1 Prise Salz, 1 bis 2 Esslöffel Milch und 3 Esslöffel Mehl verrühren. In Butter einen dünnen Pfannkuchen daraus backen. Diesen aufrollen, in dünne Streifen (Flädle) schneiden und auf die Teller verteilen, heiße Bouillon darauf geben.

## Markklößchen

50 Gramm Rindermark würfeln, schmelzen, durch ein Sieb geben, erkalten lassen. 1 Ei, 2 bis 3 Esslöffel gehackte Petersilie und 50 Gramm Semmelbrösel einrühren, mit Salz und Muskat würzen. Klößchen aus dem Teig formen, diese etwa 10 Minuten in heißer Brühe ziehen lassen.

*Suppeneinlagen müssen nicht aufwändig zubereitet werden. Wer wenig Zeit hat, kann einfach körnig gegarten Reis oder bissfest gegarte kleine Nudeln in die Bouillon geben.*

# Feine Suppen: einfach und raffiniert

Ob als Auftakt für ein feines Menü, als leichte Zwischenmahlzeit oder aber zum Aufpäppeln, wenn man sich schlapp fühlt: Klare oder cremige, pürierte Suppen bieten sich dafür bestens an. Sie machen Appetit, belasten den Magen nicht und stärken dennoch. Probieren Sie die folgenden Rezepte gleich aus, und überzeugen Sie sich von den Vorzügen dieser Suppen.

Für Gäste geeignet

# Klare Tomatensuppe mit Geflügelnocken

**Gesundheitstipp**
Nicht umsonst gilt Geflügelfleisch als ideale Aufbaukost nach Krankheiten: Es trägt dazu bei, die dann oft geplünderten Vitamin-B-Speicher wieder aufzufüllen. Die reichlich enthaltenen Mineralien Eisen und Zink helfen zudem, das Immunsystem zu stärken.

*Besonders gut schmeckt diese klare Tomatensuppe im Sommer, wenn die Tomaten herrlich aromatisch sind.*

**Für 4 Portionen:**

**Für die Suppe**
2 EL Olivenöl
1 Zwiebel
2 Knoblauchzehen
1 kg reife Tomaten
Salz, Zucker, Pfeffer
20 g kalte Butter

**Für die Nocken**
150 g Hähnchenbrustfilet
1 Eigelb
3 EL Sahne
Salz, Pfeffer
1/2 Bund Basilikum
oder Petersilie

**55-60 Minuten**

Pro Portion: 250 kcal/1040 kJ

**1** Das Öl in einem Topf erhitzen. Zwiebel und Knoblauch abziehen, würfeln und darin glasig dünsten.

**2** Tomaten waschen, jeweils den Stielansatz entfernen und das Fruchtfleisch in kleine Würfel schneiden. In den Topf geben und 2 Liter Wasser dazugießen. Tomaten bei schwacher Hitze etwa 40 Minuten kochen.

**3** Die Suppe durch ein Sieb in einen zweiten Topf gießen. Etwas einkochen lassen und mit Salz, Zucker und Pfeffer abschmecken. Die Butter stückchenweise mit dem Schneebesen darunter rühren.

**4** Für die Nocken Hähnchenfleisch trockentupfen, in Würfel schneiden und pürieren. Eigelb, Sahne, Salz und Pfeffer darunter rühren. Das Basilikum oder die Petersilie waschen, trockenschwenken, die Blätter abzupfen, fein hacken und unter das Püree mischen. Mit einem kleinen Löffel aus der Masse Nocken abstechen. In die heiße Suppe geben und 5 bis 10 Minuten gar ziehen lassen.

### Variante
Anstelle von Hähnchenbrustfilet können die Nocken auch mit Fischfilet oder Garnelenfleisch zubereitet werden.

### Tipp
Sie können statt der frischen Tomaten auch eine große Dose geschälte Tomaten verwenden. Die Dosentomaten sollten nur etwa 20 Minuten kochen.

Raffinierte Kombination

# Möhrensuppe mit Orangen

**Gesundheitstipp**

Diese Suppe ist leicht verdaulich und sättigt doch anhaltend. Denn die in Möhren und Kartoffeln enthaltenen komplexen Kohlenhydrate müssen erst aufgespalten werden, bevor sie vom Körper aufgenommen werden können. Das sichert eine über längere Zeit kontinuierliche Versorgung mit Energie.

**Für 4 Portionen:**

500 g Möhren
150 g Kartoffeln
4 cm frischer Ingwer
2 EL Olivenöl
1 l Gemüsebrühe
1 Orange
100 g Sahne
1 Prise Currypulver
Salz, Pfeffer, 1 Prise Zucker
1/2 TL getrockneter Thymian
1 Bund Schnittlauch
oder Petersilie

**30 Minuten**

Pro Portion: 210 kcal/870 kJ

*Kleine Frühmöhren haben einen höheren Zuckergehalt und saftigeres Fruchtfleisch als ausgewachsene Exemplare.*

**1** Möhren und Kartoffeln waschen, schälen und auf der Küchenreibe raspeln. Ingwer schälen und klein würfeln.

**2** Das Öl in einem Topf erhitzen und die vorbereiteten Gemüse kurz anbraten. Die Brühe dazugießen und die Gemüse etwa 15 Minuten zugedeckt garen.

**3** Die Orange schälen und die weiße Haut gründlich entfernen. Mit einem scharfen Messer zwischen die Trennhäute fahren und die Segmente herauslösen. Das Fruchtfleisch in Stücke schneiden, in die Suppe geben und kurz mitkochen.

**4** Die Suppe mit dem Mixstab pürieren. Mit Sahne, Currypulver, Salz, Pfeffer, Zucker und Thymian würzen. Schnittlauch oder Petersilie waschen und trockenschwenken. Schnittlauch in Röllchen schneiden oder Petersilienblätter abzupfen und fein hacken. Kurz vor dem Servieren über die Suppe streuen.

Raffinierte Kombination

# Blumenkohlcremesuppe mit Safran

*Safranpulver verleiht dieser Blumenkohlcremesuppe ihr feines Aroma und eine dezente gelbe Farbe.*

**Gesundheitstipp**
Weil die Zellstruktur von Blumenkohl viel zarter ist als die anderer Kohlsorten, eignet er sich gut für Magen- und Darmempfindliche. Da in dieser Suppe zudem alle groben Stücke püriert werden, sind keine Blähungen zu befürchten.

**Für 4 Portionen:**
600 g Blumenkohl
40 g Butter, 40 g Mehl
Salz, 1 Prise geriebene Muskatnuss
1 Tütchen Safranpulver
1 EL Zitronensaft
200 g Sahne
4 Petersilienstängel

**40 Minuten**

Pro Portion: 290 kcal/1220 kJ

**1** Blumenkohl waschen, putzen, Röschen abtrennen. Strunk schälen, in Würfel schneiden.

**2** Butter in einem Topf erhitzen und das Mehl darin anschwitzen. 1 1/4 Liter Wasser unter ständigem Rühren dazugießen, so dass keine Klümpchen entstehen.

**3** Blumenkohl dazugeben und bei schwacher Hitze 20 bis 30 Minuten garen. Mit Salz, Muskat, Safran und Zitronensaft würzen.

**4** Vier Blumenkohlröschen mit der Schaumkelle herausnehmen und zum Garnieren beiseite legen. Die Suppe mit dem Mixstab pürieren. Sahne darunter rühren und abschmecken.

**5** Petersilie waschen, trockenschwenken, Blättchen von den Stängeln zupfen. Die Suppe in vier vorgewärmte Schalen füllen, je mit einem Blumenkohlröschen und etwas Petersilie garnieren und servieren.

Blitzschnell fertig

# Brokkolisuppe mit Haselnüssen

**Für 4 Portionen:**
500 g Brokkoli
60 g Haselnusskerne
1 Schalotte oder kleine Zwiebel
20 g Butter
1 EL Mehl
150 g Kräuter-Crème-fraîche
1 TL gekörnte Gemüsebrühe
Salz, geriebene Muskatnuss

**30 Minuten**

Pro Portion: 330 kcal/1370 kJ

**1** Brokkoli waschen, putzen und die Röschen abtrennen. Strunk schälen und würfeln. Etwa 1 Liter Wasser aufkochen und den Brokkoli darin 8 bis 10 Minuten garen. 4 Brokkoliröschen mit der Schaumkelle herausnehmen und zum Garnieren beiseite legen.

**2** Haselnüsse fein mahlen. Die Schalotte oder Zwiebel abziehen und klein würfeln. Butter in einem Topf erhitzen und Schalotte oder Zwiebel darin glasig dünsten.

**3** Mehl und Nüsse dazugeben und unter Rühren kurz anbraten. Den gegarten Brokkoli mit dem Kochwasser dazugeben.

**4** Crème fraîche und Gemüsebrühe darunter rühren. Suppe mit dem Mixstab pürieren und mit Salz und geriebener Muskatnuss abschmecken.

**5** Die Suppe auf vorgewärmten Tellern verteilen und mit den beiseite gelegten Brokkoliröschen garniert servieren.

**Gesundheitstipp**

Auch Nussallergiker können diese Suppe genießen, vorausgesetzt, sie braten die Nüsse gut an und kochen am besten auch das angegossene Brokkoliwasser noch einmal einige Minuten. So werden die allergieauslösenden Eiweißstoffe zerstört.

*Überraschen Sie unverhoffte Gäste mit dieser einfachen, aber raffinierten Brokkolisuppe mit Haselnüssen.*

Für Gäste geeignet

# Fenchelsuppe mit Lachs

**Gesundheitstipp**

Fenchel enthält pro 100 Gramm mehr Beta-Karotin als den Tagesbedarf eines Erwachsenen. Dieses fettlösliche Vitamin kann vom Körper nur in Verbindung mit Fett aufgenommen werden, weshalb Brat- und Fischfett hier eine wichtige Funktion erfüllen.

*Sollten Sie für die Fenchelsuppe mit Lachs keinen frischen Fisch bekommen, können Sie auch auf tiefgekühlten zurückgreifen.*

**Für 4 Portionen:**

- 700 g Fenchelknollen
- 1 Zwiebel
- 1 Knoblauchzehe
- 40 g Butter
- 1 l Gemüsebrühe
- 250 g Lachsfilet
- 1 EL Zitronensaft
- Salz
- 150 g Kräuter-Crème-fraîche
- Pfeffer
- 2 cl Pernod oder Weißwein

45 Minuten

Pro Portion: 400 kcal/1680 kJ

**1** Fenchel waschen, putzen und das Fenchelgrün zum Garnieren beiseite legen. Die Fenchelknollen in schmale Streifen schneiden oder hobeln. Zwiebel und Knoblauch abziehen und klein würfeln.

**2** Die Butter in einem großen Topf erhitzen und Zwiebel und Knoblauch darin glasig dünsten. Den Fenchel darunter mischen, die Brühe dazugießen und das Gemüse 10 bis 15 Minuten zugedeckt garen.

**3** In der Zwischenzeit den Lachs trockentupfen, mit Zitronensaft beträufeln, mit etwas Salz würzen und in 2 Zentimeter große Würfel schneiden.

**4** Die Suppe mit dem Mixstab pürieren. Crème fraîche darunter rühren, die Lachsstücke dazugeben und 5 bis 10 Minuten in der heißen Suppe garen. Mit Salz, Pfeffer und Pernod oder Wein abschmecken.

**5** Das beiseite gelegte Fenchelgrün klein schneiden und vor dem Servieren über die Suppe streuen.

**Tipp**

Zum Hervorheben des feinen Fenchelaromas sollten Sie die Suppe unbedingt mit Anisschnaps (Pernod) würzen.

**Variante**

Verwenden Sie statt Fenchel für diese Suppe auch einmal Porree, Stauden- oder Knollensellerie.

Gelingt leicht

# Tomatencremesuppe mit Sahne

**Gesundheitstipp**
Die in Tomaten reichlich enthaltenen Karotinoide Beta-Karotin und Lycopin sind relativ hitzestabil, so dass auch gegarte Tomaten den Körper mit einer guten Portion an diesen krebsvorbeugenden und zellschützenden Stoffen versorgen.

*Die aromatische Tomatencremesuppe ist eine leichte, appetitanregende Mahlzeit, die auch Kindern schmeckt.*

**Für 4 Portionen:**
1 kg reife Tomaten
1 Zwiebel
1 Knoblauchzehe
4 EL Olivenöl
1 EL Mehl
1 l Gemüsebrühe
1 Thymianzweig oder
1 TL getrockneter Thymian
Salz, Pfeffer
1 TL Zucker
100 g Sahne
1 Hand voll Basilikumblätter

**40 Minuten**

Pro Portion: 280 kcal/1160 kJ

**1** Die Tomaten waschen, jeweils den Stielansatz entfernen und das Fruchtfleisch klein würfeln. Zwiebel und Knoblauch abziehen und in Würfel schneiden.

**2** Das Öl in einem Topf erhitzen. Zwiebel- und Knoblauchwürfel darin glasig dünsten. Tomaten darunter mischen. Das Mehl darüber verteilen und anschwitzen. Dann die Gemüsebrühe unter ständigem Rühren dazugießen, so dass keine Klümpchen entstehen.

**3** Den Thymianzweig waschen, trockenschwenken und die Nadeln abzupfen. Die Suppe mit Thymiannadeln oder getrocknetem Thymian, Salz, Pfeffer und Zucker würzen und 20 Minuten kochen lassen. Mit dem Mixstab pürieren.

**4** Die Sahne darunter rühren und die Suppe mit Salz und Pfeffer abschmecken. Basilikumblätter waschen, trocknen und vor dem Servieren unter die Suppe mischen.

**Tipp**
Sie können die Sahne auch kurz anschlagen und dann als Häubchen vor dem Servieren auf die Suppe setzen.

**Variante**
Die Tomatensuppe erhält mit Knoblauch-Salbei-Croûtons eine ganz besondere Note. Dafür in heißem Olivenöl etwas gehackten Knoblauch, fein geschnittene Salbeiblätter und einige Brotwürfel knusprig braten. Auf Küchenpapier entfetten und die Croûtons kurz vor dem Servieren über der Suppe verteilen.

Für Gäste geeignet

# Steinpilzrahmsuppe

**Gesundheitstipp**

Auch wenn der Alkohol im Rotwein beim Kochen verfliegt, sollten Sie ihn, wenn Kinder mitessen, weglassen: Nehmen Sie stattdessen mehr Brühe und schmecken Sie die Suppe mit einem Schuss Rotweinessig ab.

**Für 4 Portionen:**

50 g getrocknete Steinpilze
2 Fleischtomaten
20 g Butter
1 Zwiebel
2 Knoblauchzehen
2 EL Mehl
200 g Sahne
1/2 l Gemüsebrühe
1/8 l Rotwein
Salz, Pfeffer
1 Bund Petersilie

**30 Minuten**
**1 bis 2 Stunden Quellzeit**

Pro Portion: 290 kcal/1210 kJ

*Sparen Sie nicht an frischer Petersilie, denn sie ist reich an Vitaminen und Mineralstoffen.*

**1** Steinpilze mit etwa 1/4 Liter kochendem Wasser übergießen und 1 bis 2 Stunden quellen lassen.

**2** Pilze in einem Sieb abgießen. Das Einweichwasser auffangen und durch eine Filtertüte oder eine Lage Küchenpapier gießen. Die Pilze putzen und in kleine Stücke schneiden. Tomaten waschen, Stielansätze entfernen und das Fruchtfleisch würfeln.

**3** Die Butter in einem Topf erhitzen. Zwiebel und Knoblauch abziehen, klein schneiden und in der Butter glasig dünsten. Pilze und Tomaten dazugeben und kurz anbraten. Das Mehl darüber geben und anschwitzen. Sahne, Pilzeinweichwasser, Gemüsebrühe und Wein unter Rühren dazugießen, so dass keine Klümpchen entstehen. Die Gemüse etwa 10 Minuten unter gelegentlichem Rühren kochen lassen.

**4** Die Suppe pürieren und mit Salz und Pfeffer abschmecken. Petersilie waschen, trockenschwenken, Blätter abzupfen, hacken und unter die Suppe rühren.

### Variante

Verwenden Sie statt getrockneter Steinpilze frische Pfifferlinge, Champignons, Shiitake- oder Austernpilze. Dann die Tomaten weglassen und Rotwein durch Weißwein ersetzen.

Blitzschnell fertig

# Knoblauchsuppe

**Für 4 Portionen:**
12 Knoblauchzehen
4 Salbeiblätter
2 EL Olivenöl
1 l Gemüse- oder Fleischbrühe
2 Eigelbe
Salz, Pfeffer
4 Petersilienstängel

**40 Minuten**

Pro Portion: 150 kcal/610 kJ

**1** Knoblauch abziehen und fein hacken. Salbeiblätter waschen, trockenschwenken und klein schneiden. Öl in einem Topf erhitzen und Knoblauch und Salbei darin kurz anbraten. Mit Brühe ablöschen.

**2** Die Suppe etwa 15 Minuten kochen lassen. Den Topf von der Kochstelle nehmen und etwas Brühe in eine Tasse füllen. Die Eigelbe dazugeben und verquirlen.

**3** Verquirlte Eigelbe in den Topf geben und die Suppe mit dem Mixstab pürieren. Mit Salz und Pfeffer würzen. Petersilie waschen, trockenschwenken, die Blätter abzupfen, hacken und darunter mischen.

### Tipp

In diese Suppe passen schnell zubereitete Einlagen, wie beispielsweise Gemüsestifte, Croûtons oder Backerbsen.

**Inhaltsstoffe**

Knoblauch kann bei leicht erhöhtem Blutdruck als natürliches Mittel zur Senkung des Blutdrucks eingesetzt werden: Wirksam sind dabei unter anderem die im Knoblauch enthaltenen sekundären Pflanzenstoffe Adenosin und Allizin.

*Frische Salbeiblättchen verleihen dieser Knoblauchsuppe ihren unvergleichlichen Geschmack.*

Für Gäste geeignet

## Paprikacremesuppe mit Knoblauchchips

**Für 4 Portionen:**

**Für die Suppe**

4 große rote Paprikaschoten
20 g Butter
1 Zwiebel
1 EL Zucker
1/2 l Gemüsebrühe
Salz, Pfeffer
1/2 TL getrockneter Thymian
100 g Crème fraîche
1 Bund Schnittlauch

**Für die Knoblauchchips**

2 große Knoblauchzehen
2 EL Olivenöl

**45 Minuten**

Pro Portion: 230 kcal/950 kJ

**1** Den Backofengrill vorheizen. Paprikaschoten vierteln, putzen und waschen. Die Stücke mit der Hautseite nach oben auf ein Blech legen und im Backofen 20 bis 25 Minuten grillen, bis die Haut Blasen wirft.

**2** In der Zwischenzeit für die Knoblauchchips die Knoblauchzehen abziehen und in Scheiben schneiden. In einem kleinen Topf das Öl erhitzen und die Knoblauchscheiben darin portionsweise unter ständigem Rühren etwa 1 Minute goldbraun braten. Herausnehmen und auf Küchenpapier abtropfen lassen.

**3** Die Paprika aus dem Backofen nehmen, ein feuchtes Tuch darauf legen und etwa 5 Minuten abkühlen lassen. Die Viertel stückweise unter dem Tuch hervorholen und häuten.

**4** Die Butter in einem Topf erhitzen. Zwiebel abziehen, fein würfeln und in der Butter glasig dünsten. Die Paprika dazugeben. Die Brühe dazugießen und mit etwas Salz, Pfeffer und Thymian würzen. Die Gemüse 5 bis 7 Minuten kochen lassen.

**5** Die Suppe mit dem Mixstab pürieren. Crème fraîche darunter rühren und abschmecken. Schnittlauch waschen, trockenschwenken und in Röllchen schneiden. Die Knoblauchchips vor dem Servieren über die Suppe streuen.

### Variante

Mit gelben Paprikaschoten statt roten und etwas Safran erhält die Suppe eine leuchtend gelbe Farbe.

**Inhaltsstoffe**

Rote und gelbe Paprikaschoten enthalten Flavonoide, die eine Vielzahl von Stoffwechselprozessen im Körper beeinflussen. Unter anderem stärken sie das Immunsystem, wirken entzündungshemmend und unterstützen Vitamin C in seinen Funktionen.

*Diese Paprikasuppe ist besonders gut verträglich, weil die Schoten geschält werden.*

Raffinierte Kombination

# Möhrensuppe mit Orangen

*Kleine Frühmöhren haben einen höheren Zuckergehalt und saftigeres Fruchtfleisch als ausgewachsene Exemplare.*

**Gesundheitstipp**

Diese Suppe ist leicht verdaulich und sättigt doch anhaltend. Denn die in Möhren und Kartoffeln enthaltenen komplexen Kohlenhydrate müssen erst aufgespalten werden, bevor sie vom Körper aufgenommen werden können. Das sichert eine über längere Zeit kontinuierliche Versorgung mit Energie.

**Für 4 Portionen:**

500 g Möhren
150 g Kartoffeln
4 cm frischer Ingwer
2 EL Olivenöl
1 l Gemüsebrühe
1 Orange
100 g Sahne
1 Prise Currypulver
Salz, Pfeffer, 1 Prise Zucker
1/2 TL getrockneter Thymian
1 Bund Schnittlauch
oder Petersilie

**30 Minuten**

Pro Portion: 210 kcal/870 kJ

**1** Möhren und Kartoffeln waschen, schälen und auf der Küchenreibe raspeln. Ingwer schälen und klein würfeln.

**2** Das Öl in einem Topf erhitzen und die vorbereiteten Gemüse kurz anbraten. Die Brühe dazugießen und die Gemüse etwa 15 Minuten zugedeckt garen.

**3** Die Orange schälen und die weiße Haut gründlich entfernen. Mit einem scharfen Messer zwischen die Trennhäute fahren und die Segmente herauslösen. Das Fruchtfleisch in Stücke schneiden, in die Suppe geben und kurz mitkochen.

**4** Die Suppe mit dem Mixstab pürieren. Mit Sahne, Currypulver, Salz, Pfeffer, Zucker und Thymian würzen. Schnittlauch oder Petersilie waschen und trockenschwenken. Schnittlauch in Röllchen schneiden oder Petersilienblätter abzupfen und fein hacken. Kurz vor dem Servieren über die Suppe streuen.

Gut vorzubereiten

# KÜRBISCREMESUPPE

**Für 4 Portionen:**

1 kg orangefarbenes oder gelbes Kürbisfleisch (z. B. Hokkaido- oder Muskat-Kürbis)
1 Petersilienwurzel
1 große Kartoffel
1 Zwiebel, 2 Knoblauchzehen
2 cm frischer Ingwer
2 EL Butterschmalz oder Butter
2 TL gekörnte Gemüsebrühe
Salz, Pfeffer
4 Petersilienzweige oder
1 Bund Schnittlauch
2 EL Kürbiskerne
4 EL Sahne zum Garnieren

**35 Minuten**

Pro Portion: 170 kcal/720 kJ

**1** Kürbis schälen und entkernen. Das Fruchtfleisch raspeln oder klein würfeln. Petersilienwurzel waschen und würfeln. Die Kartoffel schälen.

**2** Zwiebel und Knoblauch abziehen und klein würfeln. Ingwer schälen und fein hacken. Butterschmalz oder Butter in einem Topf erhitzen und Zwiebel, Knoblauch und Ingwer bei mittlerer Hitze unter Rühren 3 bis 4 Minuten darin anbraten. Kürbisfruchtfleisch und Petersilienwurzel dazugeben. Kartoffel zum Gemüse reiben. 1 1/4 Liter Wasser dazugießen und die Suppe zugedeckt etwa 15 Minuten kochen lassen.

**3** Mit Brühe, Salz und Pfeffer würzen. Suppe pürieren. Kräuter waschen, trockenschwenken, klein schneiden und unter die Suppe rühren.

**4** Die Kürbiskerne hacken und in einer heißen Pfanne unter ständigem Rühren rösten. Die Suppe auf vier vorgewärmten Tellern verteilen, jeweils 1 Esslöffel Sahne in die Mitte geben und die Kürbiskerne auf die Suppe streuen.

**Inhaltsstoffe**
Kürbis enthält ausgesprochen wenig Natrium und gleichzeitig sehr viel Kalium. Dieses Mineralstoffverhältnis wirkt entwässernd und damit nicht zuletzt auch blutdrucksenkend, was wiederum die Gefäße und das Herz entlastet.

*Bereiten Sie die Kürbissuppe im Herbst zu, wenn die prallen Früchte auf den Märkten angeboten werden.*

Für Gäste geeignet

# Rote-Bete-Suppe mit Garnelen

**Inhaltsstoffe**
Der wichtigste Inhaltsstoff im Meerrettich ist das Glycosid Sinigrin. Daraus entstehen Senföle, die stark antibakteriell wirken und beispielsweise vor Harnwegsinfektionen schützen. Dafür reicht bereits der regelmäßige Verzehr von 10 bis 40 Gramm Meerrettich.

**Für 4 Portionen:**

40 g Butter
1 Zwiebel
2 EL Mehl
200 g Rote Bete (Glas)
1/4 l Rote-Bete-Flüssigkeit
1 kleine Porreestange
1 Bund Petersilie
100 g Sahne
2 TL gekörnte Gemüsebrühe
1–2 TL Zucker
Salz
1 Knoblauchzehe
8–12 mittelgroße rohe, geschälte Garnelen (ohne schwarzen Faden (Darm))
5 cm frischer Meerrettich

**40 Minuten**

Pro Portion: 230 kcal/970 kJ

**1** Die Hälfte der Butter in einem Topf erhitzen. Zwiebel abziehen, klein würfeln und in der Butter glasig dünsten.

**2** Das Mehl darüber geben und anschwitzen. 3/4 Liter Wasser unter ständigem Rühren dazugießen, so dass keine Klümpchen entstehen.

**3** Die Rote Bete mit der Flüssigkeit darunter mischen und die Suppe 15 Minuten zugedeckt kochen lassen.

**4** Den Porree putzen, der Länge nach aufschlitzen, waschen und in dünne Ringe schneiden. Petersilie waschen, trockenschwenken, Blätter abzupfen und fein hacken.

**5** Die Suppe mit dem Mixstab pürieren. Porree und Sahne darunter rühren. Mit Brühe, Zucker und Salz abschmecken. Weitere 5 Minuten bei schwacher Hitze kochen lassen.

**6** Die Knoblauchzehe abziehen und hacken. Die restliche Butter erhitzen und den Knoblauch darin 1 bis 2 Minuten anbraten. Garnelen dazugeben und 3 bis 4 Minuten unter Rühren mitbraten. Die Petersilie darunter mischen und mit etwas Salz würzen.

**7** Die Suppe in vorgewärmte Teller füllen und die Garnelen mit Kräuterbutter darauf verteilen. Den Meerrettich schälen und großzügig über die Suppe raspeln.

*Eine traditionelle Suppe mit neuem Pfiff: Probieren Sie die schnelle Rote-Bete-Suppe mit einer Einlage aus Garnelen.*

Raffinierte Kombination

# Feine Porreesuppe mit Räucherlachs

**Gesundheitstipp**
Ein bis zwei Portionen Seefisch pro Woche sind wegen seines Gehalts an Jod und Omega-3-Fettsäuren (in fettreichen Fischen wie beispielsweise Lachs) eine wertvolle Bereicherung des Speisezettels.

*Porreesuppe mit Räucherlachs ist schnell gemacht und begeistert selbst verwöhnte Feinschmecker.*

**Für 4 Portionen:**
500 g Porree
150 g Petersilienwurzeln oder Kartoffeln
40 g Butter
1 1/2 l Fischfond oder Gemüsebrühe
Salz, Pfeffer, Currypulver
1 Bund Schnittlauch
100 g Räucherlachs

**30 Minuten**

Pro Portion: 210 kcal/880 kJ

**1** Porree putzen, der Länge nach aufschlitzen, waschen und in feine Ringe schneiden. Petersilienwurzeln oder Kartoffeln waschen, schälen und auf der Küchenreibe raspeln.

**2** Butter in einem Topf erhitzen und Porree und Petersilienwurzel darin anbraten. Den Fond oder die Brühe dazugießen und die Gemüse etwa 15 Minuten weich kochen.

**3** Die Suppe mit dem Mixstab pürieren und mit etwas Salz, Pfeffer und Currypulver abschmecken.

**4** Den Schnittlauch waschen, trockenschwenken und in Röllchen schneiden. Den Räucherlachs in Streifen schneiden.

**5** Die Suppe auf vorgewärmten Tellern verteilen. Die Lachsstreifen in die heiße Suppe geben und den Schnittlauch darüber streuen.

### Variante
Ersetzen Sie den Porree durch Zucchini oder Brokkoli.

### Tipp
Noch cremiger wird die Porreesuppe, wenn Sie eine etwa walnussgroße Mehl-Butter-Kugel in die heiße Suppe rühren. Für die Mehlbutter einfach die gleiche Menge weiche Butter und Mehl verkneten und zu einer kleinen Kugel formen. Bereiten Sie am besten mehrere Kugeln zu, und bewahren Sie diese auf Vorrat im Kühl- oder Gefrierschrank auf.

Preiswert

# Kartoffel-Gemüse-Suppe

**Gesundheitstipp**
So vermeiden Sie bei Kartoffeln Vitamin- und Mineralstoffverluste: Kartoffeln immer erst kurz vor der Zubereitung schälen und klein schneiden, damit das Vitamin C nicht vorzeitig zerstört wird. Das Kartoffelkochwasser, in dem ein Teil der Mineralstoffe gelöst ist, so oft wie möglich mitverwenden.

*Die bunte Kartoffelsuppe kommt bei Groß und Klein gut an. Ein ideales Mittagessen, das lange sättigt, aber nicht zu schwer im Magen liegt.*

**Für 4 Portionen:**

50 g Schinkenspeck
2 Zwiebeln
1 Möhre
100 g Knollen- oder Stauden-sellerie
500 g mehlig kochende Kartoffeln
40 g Butter
2 EL Mehl
Salz, Pfeffer
1 TL getrockneter Majoran oder Thymian
2 Gemüsebrühwürfel
2 Tomaten
1 kleine Porreestange
200 g Sahne
1 Bund Petersilie

**45 Minuten**

Pro Portion: 470 kcal/1980 kJ

**1** Den Speck würfeln. Zwiebeln abziehen und klein schneiden. Möhre und Knollensellerie waschen, schälen und in kleine Würfel schneiden oder Selleriestangen waschen, putzen und in dünne Streifen schneiden. Die Kartoffeln waschen, schälen und in 1 Zentimeter große Würfel schneiden.

**2** Die Butter in einem Topf erhitzen. Zwiebeln und Speck darin anbraten. Möhre, Sellerie und Kartoffeln dazugeben und einige Minuten unter ständigem Rühren mitbraten.

**3** Das Mehl darüber geben und anschwitzen. 1 1/2 Liter Wasser unter ständigem Rühren dazugießen, so dass keine Klümpchen entstehen. Mit Salz, Pfeffer, Majoran oder Thymian und Brühwürfel würzen. Die Gemüse in 20 bis 30 Minuten weich kochen.

**4** Die Tomaten waschen und in die Suppe legen, bis die Häute aufplatzen. Herausnehmen, abziehen, Stielansätze entfernen und das Fruchtfleisch würfeln. Tomatenwürfel unter die Suppe rühren. Porree putzen, der Länge nach aufschlitzen, waschen, in feine Ringe schneiden und dazugeben. Die Suppe weitere 5 bis 10 Minuten kochen.

Für Gäste geeignet

# Kartoffelsuppe mit Trüffelöl

**Für 4 Portionen:**
500 g mehlig kochende Kartoffeln
1 l Gemüsebrühe
2 Knoblauchzehen
1 Möhre
50 g Knollensellerie
2 Frühlingszwiebeln
200 g Sahne
Salz, Pfeffer
2–3 EL Trüffelöl

**40 Minuten**

Pro Portion: 350 kcal/1450 kJ

**1** Die Kartoffeln waschen, schälen und klein würfeln. Die Gemüsebrühe mit den Kartoffelwürfeln in einem Suppentopf aufkochen. Die Knoblauchzehen abziehen, würfeln, dazugeben.

**2** Die Möhre und das Stück Sellerie waschen, schälen, würfeln und ebenfalls in die Suppe geben.

**3** Frühlingszwiebeln waschen, putzen, in dünne Ringe schneiden und darunter rühren. Die Gemüse in etwa 15 Minuten weich kochen.

**4** Die Suppe mit dem Mixstab pürieren. Die Sahne dazugießen und die Suppe mit Salz und Pfeffer würzen. Erst kurz vor dem Servieren das Trüffelöl unter die Suppe rühren.

*Eine besonders edle Note erhält die Kartoffelsuppe, wenn Sie frische Trüffel kurz vor dem Servieren in hauchdünnen Scheiben darüber hobeln.*

# AUS GROSSMUTTERS SUPPENTOPF

»Tradition« wird bei Suppen und Eintöpfen groß geschrieben. Deshalb finden Sie in diesem Kapitel lauter beliebte Klassiker, allerdings neu zubereitet. Mussten Eintöpfe früher deftig und sättigend sein, legt man heute Wert auf eine ausgewogene Zusammenstellung der Zutaten. Natürlich gehört auch weiterhin Speck an den einen oder anderen Eintopf – aber eben ein bisschen weniger als früher. Das Gute: Die Eintöpfe schmecken mindestens genauso gut wie zu Großmutters Zeiten. Überzeugen Sie sich selbst.

Für Gäste geeignet

## Bärlauchsuppe

**Inhaltsstoffe**
Bärlauch schmeckt nicht nur wie Knoblauch: Er enthält auch dieselben antibiotisch wirkenden Schwefelverbindungen und wirkt deshalb wie Knoblauch positiv auf die Blutfettwerte und senkt einen leicht erhöhten Blutdruck.

**Für 4 Portionen:**
200 g Kartoffeln
100 g Bärlauchblätter
Salz, Pfeffer
1 TL gekörnte Gemüsebrühe
4 EL Sahne
4 Petersilienstängel

**40 Minuten**

Pro Portion: 70 kcal/270 kJ

**1** Kartoffeln waschen, schälen und raspeln. Mit 800 Millilitern Wasser in einen Topf geben und 20 Minuten kochen lassen.

**2** Bärlauch waschen und klein schneiden. 2/3 der Blätter zur Suppe geben und etwa 5 Minuten mitkochen lassen. Die Suppe mit Salz, Pfeffer und Brühe würzen und pürieren. Die restlichen Bärlauchstreifen und die Sahne darunter rühren. Etwa 5 Minuten bei schwacher Hitze kochen lassen, mit Petersilie garnieren.

## Basilikum-Schaumsuppe

**Für 4 Portionen:**
20 g Butter
1 kleine Zwiebel
1 Knoblauchzehe
1 l Gemüsebrühe
250 g Kartoffeln
60 g Basilikumblätter
Salz, Pfeffer
100 g Sahne
20 g Pinienkerne

**30 Minuten**

Pro Portion: 260 kcal/1080 kJ

**1** Butter erhitzen. Zwiebel und Knoblauch abziehen, würfeln und in der Butter glasig dünsten. Brühe dazugießen und aufkochen. Kartoffeln schälen, waschen, in die Brühe raspeln und 15 Minuten kochen.

**2** Basilikum waschen und trockenschwenken. Ein paar Blätter beiseite legen, den Rest zerzupfen. Suppe von der Kochstelle nehmen und das zerzupfte Basilikum darunter rühren.

**3** Suppe pürieren und mit Salz und Pfeffer abschmecken. Sahne steif schlagen. Pinienkerne unter Rühren goldbraun rösten. Die Sahne unter die Suppe heben. Die Suppe in Teller füllen und mit Pinienkernen und dem restlichen Basilikum bestreuen.

*Bärlauchsuppe ist ein Klassiker aus Süddeutschland. Dort wächst der nach Knoblauch duftende Bärlauch am Waldrand und in Parks.*

Gelingt leicht

# Bunte Kräutersuppe

**Gesundheitstipp**
Kräuter immer erst kurz vor der Verwendung vom Beet schneiden und zerkleinern, gekaufte Kräuter im Bund möglichst noch am selben Tag verarbeiten, so ist der Gehalt an Vitaminen und ätherischen Ölen am höchsten.

*Besorgen Sie sich frische Kräuter vom Markt oder aus dem Garten, und bereiten Sie diese Kräutersuppe zu.*

**Für 4 Portionen:**
1 Kartoffel
1 Möhre
20 g Butter
1 Schalotte oder kleine Zwiebel
1/8 l trockener Weißwein
1/2 l Gemüsebrühe
200 g Sahne
je 1/2 Bund Schnittlauch, Kerbel und Basilikum
Salz, Pfeffer

**30 Minuten**

Pro Portion: 260 kcal/1080 kJ

**1** Die Kartoffel und die Möhre waschen, schälen und würfeln. Butter in einem Topf erhitzen. Schalotte oder Zwiebel abziehen, hacken und in der Butter glasig dünsten.

**2** Kartoffel und Möhre darunter mischen. Wein, Brühe und Sahne dazugießen und die Suppe 15 Minuten bei schwacher Hitze kochen lassen.

**3** Die Kräuter waschen und trockenschwenken. Kerbel- und Basilikumblättchen abzupfen und hacken. Schnittlauch in Röllchen schneiden.

**4** Die Suppe mit dem Mixstab pürieren. Die Kräuter darunter rühren und die Suppe mit Salz und Pfeffer abschmecken.

**Variation**
Die Suppe schmeckt auch mit anderen Kräutern, beispielsweise mit Estragon, Dill, Thymian und Petersilie.

Preiswert

# Petersilienwurzelsuppe

*Diese Suppe erhält ihren kräftigen, aromatischen Geschmack von Petersilienwurzeln, die hauptsächlich im Winter angeboten werden.*

**Für 4 Portionen:**
300 g Petersilienwurzeln
20 g Butter
1 kleine Zwiebel
1 Knoblauchzehe
800 ml Gemüsebrühe
Salz, Pfeffer
geriebene Muskatblüte oder Muskatnuss
1 große Möhre
4 Petersilienstängel
100 g Sahne

**40 Minuten**

Pro Portion: 150 kcal/630 kJ

**1** Petersilienwurzeln waschen, putzen und raspeln. Die Butter in einem Topf erhitzen. Zwiebel und Knoblauch abziehen und in der Butter glasig dünsten.

**2** Die Petersilienwurzeln und die Gemüsebrühe dazugeben und die Suppe etwa 20 Minuten kochen lassen.

**3** Die Suppe mit Salz, Pfeffer sowie Muskat würzen und mit dem Mixstab pürieren.

**4** Die Möhre waschen, schälen und in hauchdünne Streifen oder Scheiben schneiden. In die Suppe geben und etwa 5 Minuten bei schwacher Hitze mitkochen.

**5** Die Petersilie waschen, trockenschwenken, Blättchen abzupfen und hacken. Mit der Sahne unter die Suppe rühren, mit Salz und Pfeffer abschmecken und servieren.

**Inhaltsstoffe**
Petersilienwurzeln enthalten ätherische Öle, die krampflösend und gleichzeitig anregend auf den Verdauungsapparat und auch auf die Gebärmutter wirken. Deshalb können Petersilienwurzeln bei Menstruationsbeschwerden helfen, sollten jedoch in der Schwangerschaft nicht in größeren Mengen verzehrt werden.

Gut vorzubereiten

# Gemüsetopf mit Fleischbällchen

**Gesundheitstipp**
Ein vollwertiges Gericht zum Sattessen: Kartoffeln liefern Energie, die lange vorhält. Und zusammen mit dem Gemüse wird der Eintopf ballaststoffreich, was die Verdauung in Schwung bringt. Ebenso vielfältig wie die Gemüsemischung sind auch die darin enthaltenen Vitamine, Mineralstoffe und sekundären Pflanzenstoffe. Die Fleischbällchen schließlich liefern hochwertiges tierisches Eiweiß.

*Der Gemüsetopf mit Fleischbällchen bietet für jeden Geschmack etwas: Gemüse- und Fleischfans kommen gleichermaßen auf ihre Kosten.*

**Für 4–6 Portionen:**

**Für den Gemüsetopf**
500 g Kartoffeln
200 g Zucchini oder Kürbisfruchtfleisch
250 g grüne Bohnen
250 g Kohlrabi oder Sellerieknolle
1 Zwiebel
2 Knoblauchzehen
4 EL Olivenöl
1 1/2 l Gemüse- oder Fleischbrühe
Salz, bunter Pfeffer
1 rote Paprikaschote
2 Frühlingszwiebeln
Currypulver
geriebene Muskatnuss
1 TL getrockneter Thymian oder Majoran
1 Bund Schnittlauch

**Für die Fleischbällchen**
1 Brötchen vom Vortag
1 Zwiebel
1 Ei
300 g gemischtes Hackfleisch
Salz, Pfeffer
1 Bund Petersilie

**50 Minuten**

Pro Portion bei 6 Portionen: 410 kcal/1710 kJ

**1** Kartoffeln waschen, schälen und in kleine Würfel schneiden. Zucchini oder Kürbis schälen, putzen und würfeln. Bohnen waschen, putzen und in Stücke brechen. Kohlrabi oder Sellerie schälen und würfeln.

**2** Zwiebel und Knoblauch abziehen und zerkleinern. Öl in einem Topf erhitzen und Zwiebel und Knoblauch darin goldbraun braten. Die vorbereiteten Gemüse dazugeben. Brühe dazugießen und zugedeckt 15 bis 20 Minuten kochen.

**3** Für die Fleischbällchen das Brötchen in etwas Wasser einweichen. Zwiebel abziehen, würfeln und mit dem Ei unter das Fleisch mischen. Brötchen ausdrücken, zerpflücken und dazugeben. Mit Salz und Pfeffer würzen. Petersilie waschen, trockenschwenken, Blätter abzupfen, hacken und darunter mischen. Aus dem Fleischteig Bällchen formen.

**4** Paprikaschote halbieren, putzen, waschen und in Streifen schneiden. Frühlingszwiebeln waschen, putzen und in Ringe schneiden. Gemüse in den Topf geben. Mit Salz, Pfeffer, Curry, Muskat, Thymian oder Majoran abschmecken. Fleischbällchen dazugeben und 10 Minuten garen. Gewaschenen Schnittlauch in Röllchen schneiden und darunter rühren.

Spezialität aus Deutschland

# Pichelsteiner

**Gesundheitstipp**
Kohlgewächse verursachen aufgrund ihres hohen Anteils an schwer und unverdaulichen Kohlenhydraten bzw. Ballaststoffen leicht Blähungen. Dies kann jedoch durch die Beigabe von blähungslindernden Gewürzen und Kräutern wie Kümmel, Majoran und Lorbeer auf einfache Art bereits im Vorfeld verhindert werden.

*Er zählt wahrscheinlich zu den bekanntesten Eintöpfen Deutschlands: der Pichelsteiner.*

**Für 4–6 Portionen:**

2 Porreestangen
1 Petersilienwurzel
1 kleine Sellerieknolle
300 g Wirsing oder Weißkohl
400 g vorwiegend fest kochende Kartoffeln
200 g Rindfleisch (z. B. Hochrippe)
200 g Schweine- oder Lammfleisch
50 g Rindermark
2 Zwiebeln
2 EL Öl oder Schweineschmalz
Salz, Pfeffer
1 Prise Kümmelpulver
1 TL getrockneter Majoran
3/4 l heiße Fleisch- oder Gemüsebrühe
1 Lorbeerblatt
1 Bund Petersilie

**1 Stunde 20 Minuten**

Pro Portion bei 6 Portionen:
270 kcal/1120 kJ

**1** Porreestangen putzen, längs aufschlitzen, waschen und in 2 Zentimeter breite Stücke schneiden. Petersilienwurzel und Sellerie waschen, schälen und in Scheiben schneiden. Wirsing oder Weißkohl putzen, waschen und in Streifen schneiden. Kartoffeln waschen, schälen und in 2 Zentimeter große Würfel schneiden.

**2** Rind- und Schweine- oder Lammfleisch etwa 2 Zentimeter groß würfeln. Das Rindermark in dünne Scheiben schneiden. Zwiebeln abziehen und in Ringe schneiden.

**3** Das Öl oder Schmalz in einer Pfanne erhitzen und die Zwiebelringe darin goldbraun braten. Fleisch dazugeben, einige Minuten mitbraten. Die Pfanne von der Kochstelle nehmen.

**4** Die Markscheiben in einen großen Topf legen. Abwechselnd die vorbereiteten Gemüse und das Fleisch darüber schichten und mit einer Schicht Kartoffeln abschließen. Jede Lage mit etwas Salz, Pfeffer, Kümmel und Majoran würzen. Die heiße Fleisch- oder Gemüsebrühe darüber gießen. Lorbeerblatt dazugeben und den Eintopf zugedeckt bei schwacher Hitze etwa 1 Stunde garen.

**5** Die Petersilie waschen, trockenschwenken, die Blättchen abzupfen, klein schneiden und kurz vor dem Servieren über den Eintopf streuen.

Gut vorzubereiten

# Wirsingtopf mit Lamm

**Gesundheitstipp**
Ohne Fett kann Wirsing seinen Geschmack nicht voll entfalten, daher gibt man in dieses Gericht zusätzlich zum mageren Lammfleisch auch noch Speck. Wer nicht so viel tierisches Fett essen möchte, nimmt 2 bis 3 Esslöffel Olivenöl mehr zum Anbraten.

*Bereiten Sie die doppelte Menge Wirsingtopf zu, denn er lässt sich gut einfrieren und nach Bedarf auftauen.*

**Für 4 Portionen:**
800 g mageres Lammfleisch (Schulter oder Keule)
50 g Schinkenspeck
2 EL Olivenöl
2 Zwiebeln
4 Knoblauchzehen
1/2 l Gemüse- oder Fleischbrühe
2 Möhren
400 g vorwiegend fest kochende Kartoffeln
1 Kopf Wirsing (etwa 700 g)
1 Porreestange
Salz, Pfeffer, 1 Prise Paprika- oder Currypulver
1 Bund Petersilie

**50 Minuten**
**20 Minuten Garzeit**

Pro Portion: 650 kcal/2720 kJ

**1** Fleisch und Speck würfeln. Das Öl in einem Topf erhitzen. Fleisch- und Speckwürfel darin anbraten.

**2** Zwiebeln und Knoblauchzehen abziehen, würfeln, zum Fleisch geben und einige Minuten mitbraten. Die Brühe unter Rühren dazugießen.

**3** Möhren und Kartoffeln waschen, schälen, klein würfeln und unter die Suppe rühren. Etwa 15 Minuten garen.

**4** Inzwischen den Wirsing putzen, waschen, in 1 Zentimeter breite Streifen schneiden und dazugeben. Den Eintopf weitere 20 Minuten kochen lassen.

**5** Porree putzen, der Länge nach aufschlitzen, waschen, in Streifen schneiden, darunter rühren und 5 Minuten garen.

**6** Den Eintopf mit Salz, Pfeffer, Paprika- oder Currypulver abschmecken. Petersilie waschen, trockenschwenken, die Blätter abzupfen, grob hacken und darunter mischen. Nach Belieben noch etwas Flüssigkeit dazugießen.

### Tipp
Sie können dieses Gericht nach dem Anbraten der Fleisch- und Gemüsewürfel auch im Backofen bei 200 °C schmoren lassen. In diesem Fall geben Sie Wirsing und Porree schon mit den anderen Gemüsen in die Eintopfmischung. Das Schmoren im Backofen ist vor allem bei größeren Mengen praktisch.

Preiswert

# Erbseneintopf mit Würstchen

**Gesundheitstipp**
Das Einweichen, das bei den meisten Hülsenfrüchten nötig ist, verringert ihre blähende Wirkung. Denn während des Einweichens quillt bereits ein Teil der unverdaulichen Ballaststoffe, die dadurch teilweise aufgeschlossen werden. Arbeit, die sonst der Magen-Darm-Trakt übernimmt.

*Der Erbseneintopf darf im Reigen der traditionellen Suppen nicht fehlen. Dies hier ist eine besonders bekömmliche Variante.*

**Für 4–6 Portionen:**

**Für den Eintopf**
400 g grüne Trockenerbsen
200 g Kartoffeln
1 kleine Zwiebel
1 Bund Suppengrün
1–2 TL gekörnte Gemüsebrühe
Salz, Pfeffer
2 Wiener Würstchen
1 Bund Schnittlauch

**Für die Croûtons**
2 Scheiben Toastbrot
1 Knoblauchzehe
1 EL Olivenöl

**1 Stunde**
**40 Minuten Garzeit**
**12 Stunden Einweichzeit**

Pro Portion: 720 kcal/3030 kJ

**1** Die Erbsen waschen und in reichlich Wasser über Nacht einweichen. Dann im Einweichwasser aufkochen und bei mittlerer Hitze 1 Stunde garen.

**2** Kartoffeln waschen, schälen, in kleine Würfel schneiden und zu den Erbsen geben.

**3** Die Zwiebel abziehen, würfeln und zu den Erbsen und Kartoffeln geben. Das Suppengrün waschen, putzen, klein schneiden und untermischen. Die Suppe etwa 30 Minuten kochen lassen.

**4** Die Suppe mit Gemüsebrühe, Salz und Pfeffer würzen und nach Belieben pürieren.

**5** Die Würstchen in Scheiben schneiden und 5 Minuten in der Suppe erwärmen. Schnittlauch waschen, trockenschwenken, in Röllchen schneiden und darunter rühren.

**6** Für die Croûtons das Toastbrot würfeln. Knoblauch abziehen und in dünne Scheiben schneiden. Öl in einer Pfanne erhitzen und den Knoblauch darin kurz anbraten. Die Brotwürfel dazugeben und unter ständigem Rühren rösten. Die Croûtons kurz vor dem Servieren über die Suppe streuen.

**Tipp**
Kurzentschlossene sollten auf vorgekochte Erbsen aus der Dose zurückgreifen. Oder Sie verwenden geschälte gelbe Erbsen, die nicht eingeweicht werden müssen.

# Mit Nudeln, Reis und Korn

Getreide in der Hauptsache – so lautet das Motto bei den folgenden Rezepten. Dass Reis und Nudeln schnelle Suppeneinlagen bilden, ist für Sie gewiss nichts Neues. Dass aber ganze Getreidekörner oder Schrot die Basis für pikante – und überaus gesunde – Suppen sein können, ist bei uns häufig in Vergessenheit geraten. Kochen Sie zur Abwechslung doch mal mit Getreide!

Blitzschnell fertig

# Nudelsuppe mit Gemüsestreifen

**Inhaltsstoffe**
Frisch geriebene Muskatnuss enthält das ätherische Öl Myristizin, das eine antiseptische und appetitanregende Wirkung hat. Aber Achtung: Muskatnuss ist bereits im Grammbereich giftig!

*Für Eilige ist diese Nudelsuppe mit feinen Zucchinistreifen genau das richtige Rezept.*

**Für 4 Portionen:**

1 Zwiebel
1 Knoblauchzehe
40 g Butter
4 TL gekörnte Gemüsebrühe
2 Möhren
250 g Suppennudeln
200 g Zucchini
Salz, geriebene Muskatnuss
1 Bund Schnittlauch

**25 Minuten**

Pro Portion: 320 kcal/1320 kJ

**1** Zwiebel und Knoblauch abziehen und klein würfeln. Butter erhitzen und Zwiebel und Knoblauch darin glasig dünsten. 1 1/2 Liter Wasser dazugießen und die Gemüsebrühe darunter rühren.

**2** Die Möhren waschen, schälen, in feine Streifen oder kleine Würfel schneiden und in die Brühe geben. Die Nudeln darunter mischen und 5 bis 7 Minuten garen.

**3** In der Zwischenzeit die Zucchini waschen, in dünne Streifen schneiden, dazugeben und 4 bis 5 Minuten garen.

**4** Die Suppe mit Salz und Muskatnuss abschmecken. Schnittlauch waschen, trockenschwenken, in Röllchen schneiden und darunter rühren.

### Variante

Statt mit Nudeln können Sie diese Suppe auch mit gekochtem Reis zubereiten.

Gelingt leicht

# Reissuppe mit Paprika

Reiskörner plus Gemüse und Gemüsebrühe – mehr brauchen Sie nicht für diese Suppe.

**Für 4 Portionen:**
1 große Zwiebel
40 g Butter
400 g Reis (z. B. Basmati-, Duft- oder Risottoreis)
1 l Gemüsebrühe
2 rote Paprikaschoten
2 gelbe Paprikaschoten
1 Zucchino
2 Frühlingszwiebeln
Salz, Pfeffer

**20 Minuten**
**10 Minuten Garzeit**

Pro Portion: 500 kcal/2090 kJ

**1** Zwiebel abziehen und klein würfeln. Die Butter erhitzen und die Zwiebel darin glasig dünsten. Den Reis darunter mischen und kurz mitbraten. Mit Brühe ablöschen und einige Minuten bei schwacher Hitze garen.

**2** In der Zwischenzeit die Paprikaschoten halbieren, putzen, waschen und die Hälften klein schneiden. Zucchino waschen, putzen und würfeln. Die Gemüse in die Suppe geben und je nach Reissorte weitere 10 bis 15 Minuten kochen lassen.

**3** Die Frühlingszwiebeln putzen, waschen und in dünne Ringe schneiden. In die Suppe geben und 5 Minuten mitgaren. Mit Salz und Pfeffer abschmecken.

## Variante

Zusätzlich passen fein geschnittene frische Pilze und Kräuter sehr gut in diese schnell zubereitete Suppe.

## Gesundheitstipp

Vollkornreis, also ungeschälte Reiskörner mit Keim, ist unbestritten die gesündeste Wahl bei Reis. Wie bei jedem Getreide sitzen auch beim Reis die wertvollsten Inhaltsstoffe direkt unter der Schale und im Keimling: Eiweiß, die meisten Mineralstoffe, Vitamine und Ballaststoffe.

s und Korn

Gelingt leicht

# Dinkelcremesuppe mit Zuckerschoten

**Inhaltsstoffe**
Schnittlauch enthält neben reichlich Vitamin C und desinfizierenden Senfölen auch Saponine, die ihre Wirkung hauptsächlich im Darm entfalten: Sie können Gallensäuren und Cholesterin binden.

**Für 4 Portionen:**
- 150 g Zuckerschoten
- 1 Möhre
- 100 g Champignons oder Austernpilze
- 20 g Butter
- 40 g Dinkelmehl
- 1 l Gemüsebrühe
- 50 g Sahne
- Salz, 1 Prise geriebene Muskatnuss
- 1 Bund Schnittlauch

**30 Minuten**

Pro Portion: 180 kcal/750 kJ

**1** Zuckerschoten waschen, putzen. Möhre waschen, schälen Pilze putzen, beides in Streifen bzw. Scheiben schneiden.

**2** Die Butter in einem Topf erhitzen. Das Mehl darüber stäuben und 2 bis 3 Minuten anschwitzen. Die Gemüsebrühe unter ständigem Rühren dazugießen, so dass keine Klümpchen entstehen.

**3** Zuckerschoten, Möhre und Pilze in die Suppe geben und die Suppe bei mittlerer Hitze etwa 5 Minuten kochen lassen.

**4** Sahne darunter rühren und die Suppe mit Salz und Muskatnuss abschmecken.

**5** Schnittlauch waschen, trockenschwenken, in Röllchen schneiden und kurz vor dem Servieren darunter mischen.

*Die cremige Getreidesuppe mit Gemüse erhält ihren leicht nussigen Geschmack durch Dinkelmehl.*

Für Ungeübte

# Grünkerncremesuppe mit Möhren

*Bei wenig Appetit liefert die Grünkerncremesuppe viele Nährstoffe, ohne den Magen zu sehr zu belasten.*

**Für 4 Portionen:**
2 Möhren
1 Zwiebel
2 Knoblauchzehen
40 g Butter
100 g fein gemahlener Grünkern
1 l Gemüsebrühe
2 Frühlingszwiebeln
50 g Sahne
Salz, Pfeffer
1 Prise geriebene Muskatnuss und Currypulver

**35 Minuten**

Pro Portion: 240 kcal/1010 kJ

**1** Möhren waschen, schälen und in dünne Scheiben schneiden. Zwiebel und Knoblauch abziehen und klein würfeln. Die Butter in einem Topf erhitzen und Zwiebel und Knoblauch darin glasig dünsten.

**2** Das Grünkernmehl zu den Möhren im Topf geben und 2 bis 3 Minuten anrösten. Die Gemüsebrühe darüber gießen und die Suppe etwa 10 Minuten kochen lassen.

**3** Frühlingszwiebeln waschen, putzen und in Ringe schneiden. In die Grünkernsuppe geben und 5 Minuten mitgaren. Die Sahne dazugießen und die Suppe mit etwas Salz, Pfeffer, einer Prise Muskatnuss und Curry würzen.

**Inhaltsstoffe**
Grünkern enthält von unseren einheimischen Getreidesorten am meisten Magnesium. Der Mineralstoff ist für alle Energie verbrauchenden Prozesse nötig. Ein hoher Bedarf besteht deshalb bei starker körperlicher Anstrengung.

Spezialität aus der Schweiz

# Bündner Gerstensuppe

**Gesundheitstipp**
Sie können den Fettgehalt der selbst gekochten Fleischbrühe mit der Auswahl der Knochen steuern: Röhrenknochen, etwa von der Hesse, enthalten viel fettreiches Mark, flache Knochen dagegen sind kaum markhaltig.

*Deftig und wärmend ist die klare, kräftige Suppe mit Perlgraupen und dünnen Gemüsescheiben.*

**Für 4 Portionen:**
1 Zwiebel
1 Knoblauchzehe
50 g Schinkenspeck
40 g Butterschmalz
1 1/2 l Gemüsebrühe
250 g Fleischknochen (z. B. Rinderbrustkernknochen)
2 Möhren
2 Stangen Staudensellerie
80 g Perlgraupen
1 Porreestange
Salz, geriebene Muskatnuss
1 Bund Petersilie

**30 Minuten**
**15 Minuten Garzeit**

Pro Portion: 310 kcal/1310 kJ

**1** Zwiebel und Knoblauch abziehen und klein würfeln. Den Speck in Würfel schneiden.

**2** Das Schmalz in einem Topf erhitzen und die vorbereiteten Zutaten darin kurz anbraten. Mit der Brühe ablöschen.

**3** Die Knochen unter fließendem Wasser waschen und in den Topf geben. Die Suppe etwa 30 Minuten kochen lassen.

**4** Möhren und Staudensellerie waschen, putzen und in dünne Scheiben bzw. schmale Streifen schneiden.

**5** Knochen aus der Suppe nehmen und wegwerfen. Möhren, Sellerie und Graupen in die Suppe geben und alles 15 Minuten bei schwacher Hitze kochen lassen.

**6** Den Porree putzen, der Länge nach aufschlitzen, waschen und in feine Ringe schneiden. In die Suppe geben und 5 Minuten mitkochen.

**7** Die Gerstensuppe mit Salz und Muskat abschmecken. Petersilie waschen, trockenschwenken, die Blättchen abzupfen, hacken und unter die Suppe rühren.

**Variante**
Diese klassische Suppe können Sie auch mit anderen Getreidesorten, wie beispielsweise Hirse oder Dinkel, zubereiten.

# AUS EURO-PÄISCHEN SUPPENTÖPFEN

Von der klassischen italienischen »Minestrone« bis hin zur »Jugoslawischen Bohnensuppe« – im folgenden Kapitel ist garantiert für jeden Geschmack etwas dabei. Ob Sie nun die jeweilige Suppe oder den Eintopf als Vorspeise, Zwischenmahlzeit oder als Hauptgericht anbieten, bleibt Ihnen überlassen. Alle Rezepte sind auf jeden Fall leicht nachzukochen.

Klassiker aus Italien

# Minestrone

**Gesundheitstipp**

Einmal quer durchs Gemüsebeet – das bietet dieser Eintopf. Und damit eine gute Portion an Vitaminen und Mineralstoffen. Die lange Garzeit für Bohnen und Kohl macht beides besser verdaulich und für den Körper gut verwertbar.

**Für 4–6 Portionen:**

200 g getrocknete weiße Bohnen
1 große Zwiebel
1 Knoblauchzehe
2–3 EL Olivenöl
4 Stangen Staudensellerie
2 Möhren
300 g Wirsing oder Weißkohl
3/4 l Gemüsebrühe
4 Tomaten
1 Porreestange
1 rote oder gelbe Paprikaschote
4–5 Salbeiblätter
2–3 EL Pesto (Fertigprodukt)
Salz, Pfeffer
1 Bund Petersilie

**1 Stunde 45 Minuten**
**12 Stunden Einweichzeit**

Pro Portion bei 6 Portionen:
240 kcal/1020 kJ

**1** Die Bohnen in 1 1/2 Liter Wasser über Nacht einweichen. Zwiebel und Knoblauch abziehen und klein würfeln. Öl in einem Topf erhitzen, Zwiebel und Knoblauch darin glasig dünsten. Die Bohnen mit dem Einweichwasser dazugeben und etwa 1 Stunde kochen lassen.

**2** Sellerie und Möhren putzen, waschen und klein schneiden. Wirsing oder Kohl putzen, waschen und in Streifen schneiden. Die vorbereiteten Gemüse mit der Brühe zu den Bohnen geben. Weitere 30 Minuten kochen lassen.

**3** Die Tomaten waschen, ohne Stielansätze pürieren und zur Suppe geben. Porree putzen, waschen und in Ringe schneiden. Paprika halbieren, putzen, waschen, in Streifen schneiden. Salbeiblätter waschen, trockenschwenken und fein hacken. Porree, Paprika und Salbei dazugeben und 10 Minuten garen.

**4** Pesto unter die Minestrone mischen. Mit Salz und Pfeffer abschmecken. Die Petersilie waschen, trockenschwenken, fein hacken und vor dem Servieren darunter mischen.

*Mit Nudeln oder Reis ergänzt, wird diese Minestrone zu einer köstlichen Hauptmahlzeit.*

Spezialität aus Spanien

# Kichererbsentopf mit Spinat und Tomaten

**Für 4 Portionen:**
200 g getrocknete Kichererbsen
4 Knoblauchzehen
2 Zwiebeln
2 EL Öl
4 Salbei- oder Rosmarinblätter
1 Lorbeerblatt
2 Fleischtomaten
500 g gekochte Kichererbsen
400 g Blattspinat
Salz, Pfeffer
1 Bund Petersilie
100 g Sahne

*Kichererbsen gibt es getrocknet oder vorgekocht in Dosen oder Gläsern zu kaufen.*

**25 Minuten**
**8 Stunden Einweichzeit**
**2 Stunden Garzeit**

Pro Portion: 490 kcal/2040 kJ

**1** Kichererbsen mit der vierfachen Wassermenge über Nacht einweichen. Das Wasser abgießen und die Erbsen in frischem Wasser in 1 1/2 bis 2 Stunden weich kochen.

**2** Knoblauch und Zwiebeln abziehen und würfeln. Die Salbei- und Rosmarinblätter waschen, trockenschwenken und fein hacken. Öl erhitzen. Zwiebel, Knoblauch und Kräuter darin 3 bis 4 Minuten andünsten.

**3** Tomaten waschen und für 3 bis 4 Minuten in den Topf setzen, den Deckel auflegen.

**4** Spinat waschen und abtropfen lassen. Tomaten aus dem Topf nehmen, abschrecken, die Haut abziehen und das Fruchtfleisch würfeln. Tomaten und die gekochten Kichererbsen zu dem Spinat in den Topf geben. Das Gemüse noch 5 bis 10 Minuten kochen lassen. Mit Salz und Pfeffer würzen.

**5** Petersilie waschen, die Blätter von den Stängeln zupfen und fein hacken. Petersilie und Sahne in einem schmalen Gefäß mit dem Mixstab schaumig schlagen und unter den Eintopf mischen.

## Variante

Wenn Sie es gerne exotisch mögen, würzen Sie noch zusätzlich mit Kardamom, Kreuzkümmel oder Curry.

### Inhaltsstoffe

Kichererbsen liefern nicht nur hochwertiges Eiweiß, das für Wachstum und Erneuerung von Zellen wichtig ist, sondern auch Ballaststoffe, die den Blutzuckerspiegel stabilisieren. Der hohe Kalium- und Magnesiumgehalt stärkt das Herz.

Spezialität aus der Provence

# Provenzalischer Gemüsetopf

**Inhaltsstoffe**
Pinienkerne enthalten von allen Nüssen am meisten Vitamin B1. Es ist u. a. wichtig für die Reizübertragung im Nervengewebe. Dieses muss regelmäßig aufgenommen werden, weil unser Körper es nicht selbst bilden und nur in geringen Mengen speichern kann.

**Für 4 Portionen:**
250 g Zucchini
250 g Auberginen, Salz
je 1 rote und gelbe Paprikaschote
2 große Zwiebeln
4 EL Olivenöl
1 TL Rosmarinblättchen
250 g reife Tomaten
2 Knoblauchzehen, Pfeffer
1 Bund Petersilie oder Basilikum, 2 EL Pinienkerne

**45 Minuten**

Pro Portion: 250 kcal/1040 kJ

**1** Zucchini und Auberginen waschen, putzen, längs halbieren. Die Hälften in etwa 1 Zentimeter lange Stücke schneiden. Mit etwas Salz bestreuen.

**2** Paprikaschoten halbieren, putzen, waschen und in 5 Millimeter breite Streifen schneiden. Die Zwiebeln abziehen, halbieren und in feine Streifen schneiden. Öl in einer Pfanne erhitzen und die Zwiebeln darin glasig dünsten. Auberginen und Zucchini dazugeben und etwa 5 Minuten mitbraten.

**3** Paprika und Rosmarin darunter rühren. Mit 1 1/4 Liter Wasser ablöschen. Die Gemüse bei schwacher Hitze zugedeckt in 10 Minuten bissfest garen.

*Servieren Sie den Gemüsetopf als Vorspeise oder Beilage.*

**4** Tomaten waschen und ohne Stielansätze klein würfeln. Den Knoblauch abziehen und fein hacken. Tomaten und Knoblauch unter das Gemüse mischen und 5 Minuten mitgaren.

**5** Mit Salz und Pfeffer würzen. Kräuter waschen, trocknen, die Blättchen zerkleinern und darunter mischen. Pinienkerne in einer Pfanne unter ständigem Rühren etwa 3 Minuten rösten und über das Gemüse streuen.

Spezialität aus Frankreich

# ZWIEBELSUPPE MIT CROÛTONS

**Für 4 Portionen:**
1 kg Zwiebeln
50 g Butter
1 l Gemüsebrühe
1/4 l trockener Weißwein
1 Prise geriebene Muskatnuss
1 TL Thymianblättchen oder
1/2 TL getrockneter Thymian
1 Prise Kümmelpulver
4 Scheiben Baguette
2 Knoblauchzehen
Salz, Pfeffer
50 g Raclette oder Pecorino

**40 Minuten**

Pro Portion: 320 kcal/1360 kJ

**1** Zwiebeln abziehen, in Ringe schneiden. Butter in einem Topf erhitzen, Zwiebeln darin glasig dünsten. Brühe und Wein dazugießen. Mit Muskat, Thymian und Kümmel würzen, 25 bis 30 Minuten bei schwacher Hitze kochen lassen.

**2** Knoblauch abziehen, halbieren. Baguettescheiben toasten, mit den Schnittflächen der halbierten Knoblauchzehen einreiben. Knoblauch durch die Presse in die Suppe drücken. Salzen und pfeffern, in eine ofenfeste Form oder vier ofenfeste Suppenschalen füllen.

**3** Backofengrill vorheizen. Die gerösteten Knoblauchbrote auf der Suppe verteilen. Käse reiben und über die Brote streuen. Die Suppe 5 Minuten unter dem Grill rösten, bis der Käse geschmolzen ist.

**Gesundheitstipp**
Wer rohe Zwiebeln schlecht verträgt, ist mit dieser Suppe gut beraten: Durch das lange Kochen und die Beigabe von Kümmel wirken Zwiebeln weniger blähend.

*Genießen Sie die Zwiebelsuppe mit Croûtons als heiße Zwischenmahlzeit an kalten Tagen.*

Klassiker aus Russland

# Borschtsch

**Gesundheitstipp**
Diesen Eintopf können Sie gut auf Vorrat zubereiten oder einfrieren. Denn viele der enthaltenen Nährstoffe gehen durch Aufwärmen nicht verloren: Sowohl Eiweißbausteine als auch Kohlenhydrate sind hitzestabil, ebenso die Mineralstoffe und unter den Vitaminen etwa das Niazin oder das Vitamin B2. Beim Wiederaufwärmen das Gericht mit reichlich gehackter Petersilie bestreuen, das wertet es mit einer guten Portion Vitamin C auf.

*Borschtsch wird in Russland in unzähligen Varianten zubereitet. Alle werden jedoch mit Crème fraîche oder saurer Sahne garniert.*

**Für 4–6 Portionen:**
Salz
500 g Rindfleisch (z. B. Brust)
1 Zwiebel
1 Lorbeerblatt, 1 Nelke
500 g Weißkohl
2 Möhren
1–2 Petersilienwurzeln
1 kleine Sellerieknolle
250 g Kartoffeln, 2 Rote Beten
1 Liebstöckelzweig
1 kleine Porreestange
4 EL Tomatenmark
Pfeffer
1 Bund Petersilie
250 g Crème fraîche oder saure Sahne

**50 Minuten**
**40 Minuten Garzeit**

Pro Portion bei 6 Portionen:
380 kcal/1580 kJ

**1** In einem Topf 2 Liter Wasser erhitzen. Etwas Salz und das Fleisch dazugeben. Die Zwiebel mit dem Lorbeerblatt und der Nelke spicken und zum Fleisch geben. Bei schwacher Hitze etwa 1 Stunde kochen lassen.

**2** Kohl putzen, waschen und in 1 Zentimeter breite Streifen schneiden. Möhren und Petersilienwurzeln waschen, schälen und in etwa 5 Millimeter dicke Scheiben schneiden.

**3** Sellerie, Kartoffeln und Rote Beten waschen, schälen und klein würfeln. Das vorbereitete Gemüse und den Liebstöckel in die Suppe geben und etwa 40 Minuten mitkochen.

**4** Das Fleisch aus der Suppe nehmen. Porree putzen, der Länge nach aufschlitzen, waschen, in Ringe schneiden, in die Suppe geben und 5 bis 7 Minuten kochen lassen.

**5** Das Fleisch in Würfel schneiden und zurück in den Topf geben. Das Tomatenmark unter die Suppe rühren und mit Salz und Pfeffer abschmecken.

**6** Petersilie waschen, trockenschwenken, die Blättchen von den Stängeln zupfen, hacken und unter die Suppe mischen.

**7** Borschtsch auf vorgewärmte Teller verteilen und mit etwas Crème fraîche oder saurer Sahne garnieren.

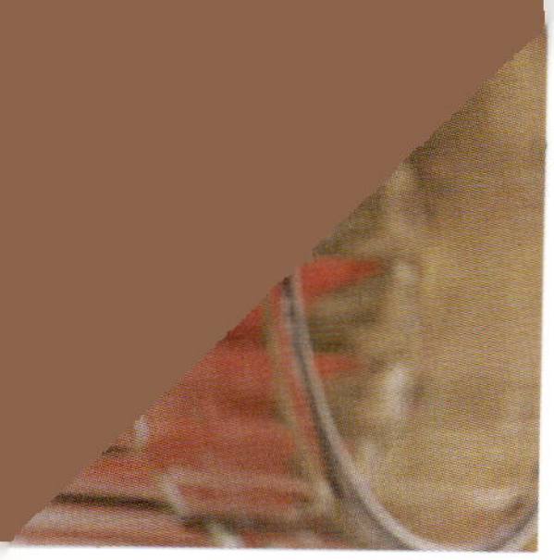

Spezialität aus Ungarn

# GULASCHSUPPE

**Für 4 Portionen:**

- 600 g Rindfleisch
- 50 g Schinkenspeck
- 4 Zwiebeln
- 4 Knoblauchzehen
- 20 g Schmalz
- 1 l Fleisch- oder Gemüsebrühe
- 250 g mehlig kochende Kartoffeln
- 1 rote Paprikaschote
- 2 grüne Paprikaschoten
- 500 g reife Tomaten
- 1 EL edelsüßes Paprikapulver
- 1/4 TL rosenscharfes Paprikapulver
- 1 TL getrockneter Thymian
- 2 EL Rotwein oder Aceto balsamico
- Salz, Pfeffer

**1 Stunde**

Pro Portion: 600 kcal/2530 kJ

**1** Fleisch trockentupfen und in 1 bis 2 Zentimeter große Würfel schneiden.

**2** Den Speck klein würfeln. Die Zwiebeln und den Knoblauch abziehen und klein schneiden. Schmalz in einem Topf erhitzen und den Speck kurz darin anbraten. Zwiebeln und Knoblauch dazugeben und glasig dünsten.

**3** Die Fleischwürfel in den Topf geben und einige Minuten mitbraten. Brühe unter Rühren dazugießen. Die Kartoffeln waschen, schälen, klein würfeln und in die Suppe geben. Alles bei mittlerer Hitze etwa 30 Minuten kochen lassen.

**4** Die Paprikaschoten halbieren, putzen, waschen und würfeln. Tomaten waschen, Stielansätze entfernen, das Fruchtfleisch klein schneiden.

**5** Die Paprika- und Tomatenstückchen in die Suppe geben und etwa 15 Minuten mitkochen. Die Gulaschsuppe mit Paprika, Thymian, Rotwein oder Essig, Salz und Pfeffer abschmecken.

### Variante

Sehr gut passt in diese Suppe auch fein gehacktes Sauerkraut. Dieses einige Minuten vor Ende der Garzeit in die Suppe geben.

### Gesundheitstipp

Paprikapulver sollte nie mit angebraten, sondern immer in Flüssiges eingerührt werden. Dieses Gewürz enthält noch Zuckerbestandteile aus den Paprikaschoten, die beim Anbraten verbrennen. Dabei entwickeln sich gesundheitsschädliche Röstprodukte, die einen bitteren Geschmack verursachen.

*Paprikaschoten verleihen der Gulaschsuppe ihr pikant-süßliches Aroma.*

Spezialität vom Balkan

# Jugoslawische Bohnensuppe

**Für 4 Portionen:**
250 g getrocknete weiße Bohnen
100 g geräucherter Schweinebauch
1 TL getrockneter Majoran
1 TL edelsüßes Paprikapulver
1/4 TL Cayennepfeffer
1 Lorbeerblatt
2 Zwiebeln
2 Knoblauchzehen
1 grüne Paprikaschote
1 rote Paprikaschote
250 g reife Tomaten
2 EL Öl
etwa 1/2 l Gemüse- oder Fleischbrühe
100 g Crème fraîche
Salz, Pfeffer
2 EL Aceto balsamico oder Rotwein

**1 Stunde 45 Minuten**
**12 Stunden Einweichzeit**

Pro Portion: 480 kcal/2020 kJ

**1** Die Bohnen in 1 1/2 Liter Wasser über Nacht einweichen.

**2** Bohnen mit dem Einweichwasser aufkochen. Den Schweinebauch würfeln und mit Majoran, Paprika und Cayenne dazugeben. Lorbeerblatt zerreiben und darunter mischen. Die Bohnen etwa 1 1/2 Stunden weich kochen.

**3** Zwiebeln und Knoblauch abziehen und würfeln. Paprikaschoten halbieren, putzen, waschen und die Hälften in Streifen oder Stücke schneiden. Tomaten waschen, Stielansätze entfernen und Fruchtfleisch pürieren oder klein schneiden.

**4** In einem zweiten Topf das Öl erhitzen und Zwiebel und Knoblauch darin glasig dünsten. Paprika, Tomaten und Brühe dazugeben und etwa 10 Minuten kochen.

**5** Die gegarten Gemüse zu den Bohnen geben. Crème fraîche darunter rühren und die Suppe mit Salz, Pfeffer und Essig oder Rotwein abschmecken.

### Variante

Zusätzlich passt auch noch in Ringe geschnittener Porree in diesen deftigen Eintopf.

*Die Bohnensuppe eignet sich gut als Hauptmahlzeit oder kräftiger Mitternachtssnack.*

### Gesundheitstipp

Weiße Bohnen sind gegart weicher als farbige und daher leichter verdaulich. Vor allem wenn man sie, wie im nebenstehenden Rezept, noch mit verdauungsförderndem Majoran kombiniert.

Spezialität aus Italien

# Ochsenschwanzragout

**Inhaltsstoffe**
Deftig im Geschmack – kräftig in der Wirkung: Zwiebeln und Knoblauch aktivieren mit ihren Schwefelverbindungen die Entgiftungssysteme des Körpers.

*Dieser Klassiker darf auf keinem großen Fest fehlen. Servieren Sie dazu frisches Weißbrot und einen kräftigen Rotwein.*

**Für 4 Portionen:**
- 2 Zwiebeln
- 2 Knoblauchzehen
- 1 kg Ochsenschwanzstücke
- 4 EL Olivenöl
- 2 EL Mehl
- 1 l Gemüse- oder Fleischbrühe
- 1 TL getrockneter Thymian oder Majoran
- 1 Prise Nelkenpulver
- 1 Lorbeerblatt
- 1 Porreestange
- 2 Möhren
- 1 Bund Petersilie
- 1/8 l Rotwein oder 2 EL Aceto balsamico
- Salz, Pfeffer

**1 Stunde 40 Minuten**

Pro Portion: 680 kcal/2860 kJ

**1** Zwiebeln und Knoblauch abziehen und grob würfeln. Die Ochsenschwanzstücke gründlich waschen und trockentupfen. Es sollten alle Knochenreste entfernt sein.

**2** Das Olivenöl in einem Topf erhitzen und das Fleisch darin anbraten. Zwiebeln und Knoblauch dazugeben und glasig dünsten. Das Mehl darüber geben und anschwitzen. Brühe unter ständigem Rühren dazugießen, so dass keine Klümpchen entstehen.

**3** Thymian oder Majoran und Nelken in die Suppe geben. Lorbeerblatt zerreiben und darunter mischen. Das Ochsenschwanzragout zugedeckt bei schwacher Hitze 1 1/2 Stunden garen lassen.

**4** Porree putzen, waschen und in Ringe schneiden. Möhren waschen, schälen und in Scheiben schneiden. Die Gemüse unter das Ragout rühren und 30 Minuten mitkochen.

**5** Petersilie waschen, trockenschwenken, die Blättchen abzupfen, fein hacken und unter das Ragout mischen. Den Eintopf mit Rotwein oder Aceto balsamico würzen. Mit Salz und Pfeffer abschmecken. Reichen Sie als Beilage Kartoffeln, Reis, Nudeln oder frisches Brot dazu.

### Variante

Eine südländische Note erhält dieser klassische Eintopf mit Kräutern der Provence. Als zusätzliche Gemüse passen klein geschnittene Tomaten, Paprika und Zucchini.

Spezialität aus Griechenland

# Zitronensuppe mit Hähnchenfleisch

**Inhaltsstoffe**
Im ätherischen Öl der Zitronenschale ist Limonen enthalten. Diese Verbindung ist nicht nur mitverantwortlich für den intensiven Zitronengeschmack, sondern hat auch eine zellschützende Wirkung.

*Garnieren Sie die Suppe mit den Zitronenstreifen und etwas frischer Zitronenmelisse.*

**Für 4 Portionen:**
- 1 l Hühnerbrühe
- 1 Zwiebel
- 2 Möhren
- 2 Stangen Staudensellerie
- 1 Porreestange
- 1 Hähnchenbrustfilet
- 150 g Langkornreis
- 1 unbehandelte Zitrone
- 2 Eier
- 5 EL Sahne

**20 Minuten**
**20 Minuten Garzeit**

**Pro Portion: 410 kcal/1730 kJ**

**1** Hühnerbrühe in einen Topf füllen. Zwiebel abziehen und würfeln. Möhren schälen, in Scheiben schneiden. Sellerie waschen, putzen, zerkleinern.

**2** Porree putzen, waschen und in Ringe schneiden. Gemüse in die Brühe geben und mit dem Hähnchenfleisch 20 Minuten bei schwacher Hitze garen.

**3** Fleisch herausnehmen und die Suppe pürieren. Reis einstreuen und 20 Minuten garen.

**4** Zitrone waschen. 1 Teelöffel Schale in feinen Streifen abschneiden. Zitrone halbieren und Saft auspressen. Eier mit Sahne schaumig schlagen. Fleisch in Würfel schneiden.

**5** Die Suppe von der Kochstelle nehmen, Zitronensaft darunter mischen. Etwas Suppe mit der Eiersahne verrühren und zurückgießen. Fleisch dazugeben.

Spezialität aus Griechenland

# Kalte Gurkensuppe mit Joghurt

*Die leichte Gurkensuppe mit Joghurt schmeckt auch vegetarisch, also ohne Garnelen, sehr fein.*

**Für 4 Portionen:**

1 Salatgurke
500 g Naturjoghurt
100 g Sahne
1 Knoblauchzehe
150 g kleine Garnelen
1 TL Zitronensaft
Salz, Pfeffer
1 Bund Dill

**30 Minuten**

Pro Portion: 220 kcal/300 kJ

**1** Salatgurke waschen, schälen, der Länge nach halbieren und die Kerne mit einem Löffel herausschaben. Fruchtfleisch auf der Küchenreibe raspeln.

**2** Den Joghurt mit der Sahne verrühren und die Gurke darunter mischen. Knoblauchzehe abziehen und durch die Presse in die Joghurtmischung drücken.

**3** Die Garnelen waschen und trockentupfen. Mit Zitronensaft beträufeln und unter die Suppe rühren. Mit Salz und Pfeffer abschmecken.

**4** Den Dill waschen, trockenschwenken, die Spitzen abzupfen und unter die Joghurtsuppe mischen. Die Suppe vor dem Servieren nach Belieben kühl stellen.

**Gesundheitstipp**

Verwenden Sie für diese kalte Suppe Joghurt mit lebenden Bakterien, so genannten probiotischen Joghurt.
Er stärkt u. a. die körpereigene Darmflora und hat eine antimikrobielle und entzündungshemmende Wirkung im Magen-Darm-Trakt.

Spezialität aus Frankreich

# Kartoffelsuppe mit Shiitakepilzen

**Gesundheitstipp**
Shiitakepilze gibt es inzwischen frisch in allen gut sortierten Supermärkten. Neben einem sehr aromatischen Geschmack liefern sie noch besondere Inhaltsstoffe, die das Immunsystem stärken und sogar zur Senkung des Cholesterinspiegels beitragen können.

*In Frankreich wird die Kartoffel-Porree-Suppe »Vichyssoise« genannt und gehört zu den echten Klassikern.*

**Für 4–6 Portionen:**
- 700 g Kartoffeln
- 1 Porreestange
- 10 g Butter
- 1 1/2 l Gemüsebrühe
- 100 g Shiitakepilze
- 1 EL Butterschmalz
- 1 Bund Schnittlauch oder Petersilie
- 200 g Sahne oder Crème fraîche
- Salz, geriebene Muskatnuss

**40 Minuten**

Pro Portion bei 6 Portionen:
250 kcal/1060 kJ

**1** Die Kartoffeln waschen, schälen und in kleine Würfel schneiden. Porree putzen, der Länge nach aufschlitzen, waschen und in Streifen schneiden.

**2** Butter in einem großen Topf erhitzen. Kartoffeln und Porree darin kurz anbraten. Mit Gemüsebrühe ablöschen und die Gemüse in etwa 20 Minuten weich kochen.

**3** In der Zwischenzeit die Pilze putzen und in feine Streifen schneiden. Das Butterschmalz in einer Pfanne erhitzen und die Pilze darin bei mittlerer Hitze anbraten.

**4** Schnittlauch oder Petersilie waschen und trockenschwenken. Schnittlauch in Röllchen schneiden oder Petersilienblätter abzupfen und hacken.

**5** Die Suppe mit dem Mixstab pürieren und die Sahne oder Crème fraîche darunter rühren. Mit Salz und Muskatnuss abschmecken.

**6** Die Suppe in vorgewärmte Teller füllen und die gebratenen Pilze darüber geben. Mit Schnittlauch oder Petersilie garnieren.

**Tipp**
Sie können diese cremige, milde Suppe auch kalt servieren.

Spezialität aus Marseille

# Bouillabaisse

**Gesundheitstipp**
Edel und sehr gesund, denn in dieser Suppe stecken viele Mineralien, vor allem das lebenswichtige Jod. Um eine ausreichende Versorgung mit diesem Spurenelement zu sichern, sollten Sie nicht nur regelmäßig Seefisch essen, sondern ausschließlich jodiertes Salz oder Meersalz verwenden.

*Marseille ist die Heimat des klassischen Bouillabaisse-Rezepts. Die hier beschriebene Variante ist nicht so aufwändig, schmeckt aber trotzdem sehr gut.*

**Für 4–6 Portionen:**
- 1 große Zwiebel
- 4 Knoblauchzehen
- 1 Porreestange, 1 Fenchelknolle
- 4 EL Olivenöl
- 1 Dose Tomaten (Abtropfgewicht 240 g)
- 1 l Fischfond
- 1 kg Fischfilet (z. B. Kabeljau, Seelachs oder Goldbarsch)
- 2 EL Zitronensaft
- 250 g frische Miesmuscheln
- Salz, Pfeffer, Cayennepfeffer
- 1 Tütchen Safranpulver
- 200 g rohe, geschälte Garnelen (ohne schwarzen Faden (Darm))
- 1 Bund Petersilie
- 1/8 l Anisschnaps (z. B. Pernod)

**40 Minuten**

Pro Portion: 380 kcal/1600 kJ

**1** Zwiebel und Knoblauch abziehen und würfeln. Den Porree putzen, waschen und in Ringe schneiden. Fenchel waschen, putzen und in feine Streifen schneiden.

**2** Das Öl in einem großen Topf erhitzen. Die Zwiebel und den Knoblauch darin glasig dünsten. Porree und Fenchel dazugeben. Tomaten und Fischfond ebenfalls hinzufügen und die Suppe bei schwacher Hitze 20 Minuten kochen lassen.

**3** In der Zwischenzeit das Fischfilet trockentupfen, mit Zitronensaft beträufeln und in Stücke schneiden. Die Miesmuscheln in kaltem Wasser waschen und geöffnete Exemplare wegwerfen.

**4** Die Suppe mit Salz, Pfeffer, Cayennepfeffer und Safran würzen. Fischstücke, Garnelen und Muscheln in die Suppe geben und bei schwacher Hitze etwa 10 Minuten garen.

**5** Petersilie waschen, trockenschwenken, die Blätter abzupfen, klein schneiden und unter die Suppe rühren. Mit Pernod abschmecken und servieren.

**Tipp**
Dazu passt am besten frisches Brot und Knoblauchmayonnaise.

# Exotisches aus Fernost und Übersee

Verzaubern Sie sich und Ihre Gäste mit exotischen Köstlichkeiten aus fernen Ländern. In diesem Kapitel finden Sie Rezepte für Suppen und Eintöpfe, die aus außergewöhnlichen Gewürzen und bekannten Gemüsesorten mit und ohne Fisch oder Fleisch kreiert werden. Probieren Sie erfrischende, leichte Suppen, wie »Kokossuppe mit Garnelen«, oder sättigende Gemüseeintöpfe mit Hülsenfrüchten, wie »Linsencurry mit Spinat und Reis«.

Spezialität aus China

# HÄHNCHENSUPPE MIT SHIITAKEPILZEN

*Servieren Sie die chinesische Hähnchensuppe in den typischen hauchdünnen Suppenschalen und, wenn Sie mögen, mit Stäbchen.*

**Gesundheitstipp**

In dieser Suppe werden reichlich scharfe und aromatische Würzzutaten (Ingwer, getrocknete Pilze, Sojasauce) verwendet. Daher kann hier mit Salz sparsam umgegangen werden – wichtig für alle Bluthochdruckpatienten, die auf eine verringerte Salzzufuhr achten müssen.

**Für 4–6 Portionen:**

1 Hähnchen
2 Möhren
1 Chilischote
4 cm frischer Ingwer
250 g Sellerieknolle
1 Porreestange
2–3 EL getrocknete Shiitake- oder Mu-Err-Pilze
Salz, 2 Frühlingszwiebeln
4 EL Reiswein oder Sherry
3–4 EL Sojasauce

**30 Minuten**
**1 Stunde Garzeit**

Pro Portion bei 6 Portionen:
310 kcal/1310 kJ

**1** 3 Liter Wasser in einen Topf füllen. Das Hähnchen waschen, in das Wasser legen und aufkochen. Auf der Oberfläche entstandenen Schaum abschöpfen.

**2** Möhren und Sellerie schälen. Die Hälfte davon mit der Chilischote in den Topf geben. Ingwer schälen, würfeln, zugeben.

**3** Porree putzen, waschen und in Ringe schneiden. Pilze putzen und mit dem Porree in die Suppe geben. Mit Salz würzen und bei schwacher Hitze etwa 1 Stunde kochen.

**4** Suppe durch ein Sieb gießen und die Brühe in einem Topf auffangen. Restliche Möhren und Sellerie in Streifen schneiden und in die Brühe geben. Fleisch von den Knochen lösen, ohne Haut klein schneiden, mit dem gegarten Gemüse und den Pilzen in den Topf geben. Frühlingszwiebeln waschen, putzen, zerkleinern, in die Suppe geben und alles 5 Minuten garen.

Für Ungeübte

# Currysuppe mit Kressesahne

**Für 4 Portionen:**
2 Zwiebeln
1 Knoblauchzehe
20 g Butter
1 säuerlicher Apfel
1 EL Mehl
1 EL Currypulver
1 TL Zucker
1 l Hühner- oder Gemüsebrühe
100 g Sahne
1 Kästchen Gartenkresse
Salz

**25 Minuten**

Pro Portion: 180 kcal/750 kJ

**1** Zwiebeln und Knoblauch abziehen und würfeln. Die Butter in einem Suppentopf erhitzen und Zwiebel und Knoblauch darin glasig dünsten.

**2** Den Apfel schälen, das Kerngehäuse herausschneiden, das Fruchtfleisch klein würfeln und mit Zwiebel und Knoblauch kurz dünsten.

**3** Mehl, Currypulver und Zucker darunter mischen und kurz mitbraten. Dann die Brühe dazugießen. Die Suppe etwa 10 Minuten kochen lassen.

**4** Inzwischen die Sahne steif schlagen. Gartenkresse kalt abspülen, mit der Küchenschere abschneiden und unter die Sahne heben.

**5** Die Suppe mit wenig Salz abschmecken, in vier vorgewärmte Teller füllen und mit etwas Kressesahne garnieren.

**Inhaltsstoffe**
Gartenkresse ist eine gute Quelle für die Antioxidanzien Vitamin C, Karotinoide sowie Vitamin E und trägt damit zum Schutz der Zellen vor dem Angriff freier Radikale bei.

*Überraschen Sie Ihre Gäste mit dieser schnell zubereiteten Currysuppe mit Kressesahne.*

Spezialität aus Indien

# Mulligatawny-Soup

**Gesundheitstipp**
Diese indische Suppe ist ausgesprochen magenfreundlich: Reis, Hähnchenfleisch, Banane und Joghurt sind leicht verdaulich; die braun-gelben Gewürze Curry, Kurkuma, Kreuzkümmel und Koriander unterstützen die Verdauung und verhindern, dass die scharfen Zutaten reizend wirken.

*Besonders attraktiv sieht die Spezialität aus Südindien in einer einfachen, weißen Suppenschale aus.*

**Für 4 Portionen:**
100 g Basmatireis
1 Hähnchenbrustfilet
1 Zwiebel
4 Knoblauchzehen
4 cm frischer Ingwer
1 Möhre
1 Petersilienwurzel oder
1 kleiner Rettich
1 Apfel
40 g Butterschmalz
1 EL Currypulver oder
1/2 TL Kurkuma
1 TL Kreuzkümmelpulver
1 TL Korianderpulver
1 Messerspitze Chilipulver
1 l Hühnerbrühe
1 Banane
150 g Kokosmilch oder Naturjoghurt
1–2 EL Zitronensaft
1 EL Rosinen, Salz
1 Kästchen Gartenkresse

**15 Minuten**
**15 Minuten Garzeit**

Pro Portion: 350 kcal/1480 kJ

**1** Reis in einen Topf geben. So viel Wasser dazugießen, dass es 1 Zentimeter über dem Reis steht. Aufkochen lassen und den Reis bei ganz schwacher Hitze zugedeckt quellen lassen.

**2** Hähnchenbrustfilet trockentupfen. Zwiebel und Knoblauch abziehen und klein würfeln. Ingwer schälen und in kleine Würfel schneiden. Möhre und Petersilienwurzel oder Rettich waschen, schälen und in etwa 5 Millimeter dicke Scheiben schneiden. Den Apfel schälen, entkernen und würfeln.

**3** Butterschmalz erhitzen und das Fleisch darin anbraten. Zwiebel, Knoblauch, Ingwer, Möhre und Petersilienwurzel oder Rettich dazugeben. Die Gewürze darüber streuen und mit der Brühe ablöschen. Die Suppe zugedeckt etwa 15 Minuten bei schwacher Hitze kochen lassen.

**4** Das Fleisch herausnehmen. Banane schälen, klein schneiden und mit Kokosmilch oder Joghurt und Zitronensaft unter die Suppe rühren. Die Suppe mit dem Mixstab pürieren. Die Rosinen darunter mischen und einige Minuten kochen lassen.

**5** Das Hähnchenbrustfilet würfeln und in die heiße Suppe geben. Mit Salz abschmecken. Die Kresse waschen und mit der Küchenschere abschneiden. Den Reis auf vier vorgewärmten Tellern verteilen, die Suppe darüber gießen und mit der Kresse garniert servieren.

Spezialität aus Südamerika

# Chili con carne

**Inhaltsstoffe**
Die Kombination von Schweine- und Rindfleisch im gemischten Hack ist eine gute Quelle für Eisen und Zink. Eisen wirkt durch seinen Einfluss auf die Blutbildung indirekt, Zink direkt auf das Abwehrsystem: Es macht widerstandsfähiger gegen Infekte und unterstützt die Wundheilung.

**Für 4 Portionen:**

2 Dosen Kidneybohnen (Abtropfgewicht je Dose 255 g)
2 große Zwiebeln
2 Knoblauchzehen
2 EL Olivenöl
400 g gemischtes Hackfleisch
1/4–1/2 TL Cayennepfeffer
1 TL Kurkumapulver
1 TL getrockneter Oregano
Salz
1/2 l Gemüse- oder Fleischbrühe
1 grüne Paprikaschote
1 große Dose Tomaten (800 g)
1 Bund Petersilie

**20 Minuten**
**15 Minuten Garzeit**

Pro Portion: 650 kcal/2740 kJ

**1** Bohnen in einem Sieb abgießen und abtropfen lassen. Zwiebeln und Knoblauch abziehen und klein hacken.

**2** Das Öl in einem Topf erhitzen und Zwiebeln und Knoblauch darin glasig dünsten. Hackfleisch dazugeben, krümelig braten und mit Cayennepfeffer, Kurkuma, Oregano und Salz würzen. Mit der Brühe ablöschen.

**3** Paprikaschote halbieren, putzen, waschen und würfeln. Die Tomaten in einem Sieb abtropfen lassen und mit dem Mixstab pürieren. Tomatenpüree, Paprikawürfel und Bohnen in den Topf geben. Das Chili etwa 15 Minuten bei schwacher Hitze zugedeckt kochen lassen.

**4** Die Petersilie waschen, trockenschwenken, Blättchen abzupfen, klein schneiden und unter das Chili mischen. Den Eintopf mit etwas Salz abschmecken.

*Chili con carne: Das ist bei uns der absolute Renner unter den Mitternachtssuppen.*

**Variante**
Zusätzlich passen noch Paprikaschoten oder Zucchini in das Chili.

Spezialität aus Indien

# Linsencurry mit Spinat und Reis

*Servieren Sie das indische Linsencurry mit Spinat und Reis als Hauptmahlzeit.*

**Für 4 Portionen:**
- 200 g Tellerlinsen
- 2 Zwiebeln
- 2 Knoblauchzehen
- 4 cm frischer Ingwer
- 4 EL Öl oder Butterschmalz
- 2 EL Currypulver oder -paste
- 1 Messerspitze Korianderpulver
- 200 g Langkornreis
- 2 TL gekörnte Gemüsebrühe
- Salz
- 500 g Spinat
- 2 Kiwis
- 1 Kästchen Gartenkresse

**50 Minuten**

Pro Portion: 500 kcal/2090 kJ

**1** Linsen waschen. Zwiebel und Knoblauch abziehen und klein würfeln. Ingwer schälen und in kleine Würfel schneiden.

**2** Fett erhitzen und Zwiebel, Knoblauch und Ingwer darin einige Minuten anbraten. 1 Liter Wasser, Linsen, Curry und Koriander dazugeben. Zugedeckt 15 bis 20 Minuten bei schwacher Hitze kochen lassen.

**3** Reis unter das Curry mischen und etwa 20 Minuten mitgaren. Gegen Ende der Garzeit sollte kaum Flüssigkeit vorhanden sein. Mit Gemüsebrühe und Salz würzen.

**4** Den Spinat in kaltem Wasser waschen und putzen. Blätter klein schneiden und in einen Topf mit wenig Wasser geben. Bei starker Hitze 3 bis 4 Minuten zugedeckt garen, bis die Blätter zusammengefallen sind. Mit der Garflüssigkeit zu den Linsen geben. Den Eintopf mit Salz abschmecken.

**5** Kiwis schälen und in dünne Scheiben schneiden. Kresse abspülen und abschneiden. Das Curry in eine Schüssel füllen, mit Kiwischeiben und Kresse garnieren.

### Gesundheitstipp

Spinat enthält von Natur aus Nitrat, das in unserem Körper in schädliches Nitrit umgewandelt werden kann. Der Nitratgehalt in Spinat ist umso niedriger, je sparsamer die Pflanzen gedüngt wurden und je mehr Sonnenlicht sie bekommen haben.

Spezialität aus Indien

# Lammcurry mit Aprikosen

**Gesundheitstipp**
Marinieren verleiht Fleisch nicht nur ein besonderes Aroma, es dient auch dazu, es »vorzugaren«: Durch die Säure und Säuerungsbakterien in Zitronensaft und Joghurt werden die Eiweißstrukturen des Fleisches bereits teilweise abgebaut, das Fleisch wird zart und weich.

*Die Kombination von Curry und Aprikosen kommt ursprünglich aus Indien, ist aber mittlerweile auch bei uns ein beliebter Klassiker.*

**Für 4 Portionen:**
700 g Lammfleisch (Hals oder Schulter)

**Für die Marinade**
2 EL Zitronensaft
Salz
4 cm frischer Ingwer
2 Knoblauchzehen
300 g Naturjoghurt

**Für das Curry**
4 Zwiebeln
2 große Tomaten
2 EL Butterschmalz
1 EL Currypulver
1 Messerspitze Chilipulver
1 Prise Zimtpulver
1 Prise Nelkenpulver
1 Dose Aprikosen (Abtropfgewicht 250 g)
Aprikosensaft nach Belieben
Salz

**15 Minuten**
**30 Minuten Marinierzeit**
**40 Minuten Garzeit**

Pro Portion: 560 kcal/2340 kJ

**1** Fleisch in etwa 2 bis 3 Zentimeter große Würfel schneiden. Zitronensaft und 1 Teelöffel Salz unter das Fleisch mischen. Ingwer schälen und würfeln. Knoblauch abziehen und in kleine Würfel schneiden. Ingwer und Knoblauch mit dem Joghurt unter das Fleisch rühren. 30 Minuten marinieren.

**2** Zwiebeln abziehen und würfeln. Tomaten waschen und ohne die Stielansätze mit dem Mixstab pürieren.

**3** Butterschmalz erhitzen und die Zwiebeln darin glasig dünsten. Curry, Chili, Zimt und Nelken dazugeben und kurz mitbraten. Das Fleisch mit der Marinade darunter mischen und anbraten. Tomatenpüree und 1/4 Liter Wasser dazugeben. Zugedeckt 35 bis 40 Minuten garen lassen.

**4** Die Aprikosen in einem Sieb abgießen, halbieren und in den Eintopf geben. Falls die Flüssigkeit im Topf verdunstet sein sollte, nach Belieben Aprikosensaft dazugießen. Mit Salz abschmecken.

**Tipp**
Das Fleisch kann auch schon am Tag zuvor in die Marinade gelegt werden. Traditionell passt zu dem Curry am besten Basmatireis und ein Joghurtdip.

Spezialität aus Mexiko

# Avocadosuppe mit Hähnchen

**Gesundheitstipp**

Avocados sind sehr fettreich. Und gerade die Fette sind es, die diese Frucht so wertvoll für Herz und Gefäße machen: Der hohe Anteil an ungesättigten Fettsäuren senkt das »schlechte« LDL-Cholesterin und erhöht das »gute« HDL-Cholesterin. Das schützt vor Gefäßerkrankungen.

*In Mexiko ist diese Suppe als »Caldo Tlalpeno« bekannt. Die Grundzutaten sind immer Avocado und Hähnchen, die anderen Zutaten können regional unterschiedlich sein.*

**Für 4 Portionen:**

1 l Gemüse-oder Hühnerbrühe
250 g Hähnchenbrustfilet
1–2 getrocknete rote Chilischoten
4 Knoblauchzehen
1 Avocado
4 Koriander- oder Basilikumzweige

**30 Minuten**

Pro Portion: 200 kcal/840 kJ

**1** Brühe aufkochen. Das Hähnchenbrustfilet trockentupfen, würfeln, in die Brühe geben und etwa 5 Minuten garen.

**2** Chilischoten vom Stielansatz befreien, der Länge nach halbieren und die Samen herausschaben. Die Hälften abspülen und fein hacken. Knoblauchzehen abziehen, klein würfeln und zu den Chilischoten geben. Die Chili-Knoblauch-Mischung im Mörser zu einer Paste verarbeiten. Die Paste unter die Suppe rühren.

**3** Avocado schälen und rundherum längs bis zum Stein aufschneiden. Die Hälften gegeneinander drehen und den Stein herausnehmen. Fruchtfleisch in dünne Scheiben schneiden. Die Avocadoscheiben einzeln in die Suppe legen und kurz mitgaren, bis sie an der Oberfläche schwimmen.

**4** Koriander oder Basilikum waschen, trockenschwenken, die Blättchen abzupfen, klein schneiden und kurz vor dem Servieren über der Suppe verteilen.

**Tipp**

Wenn Sie lieber vegetarisch essen, lassen Sie einfach das Hähnchenbrustfilet weg. Die Suppe schmeckt dann immer noch sehr fein.

Spezialität aus der Karibik

# Kokossuppe mit Garnelen und Paprika

*Mild und erfrischend schmeckt diese Kokossuppe mit Garnelen und Paprika.*

**Für 4 Portionen:**
- 1 rote Paprikaschote
- 2 Frühlingszwiebeln
- 2 Knoblauchzehen
- 4 cm frischer Ingwer
- 1/2 l Hühnerbrühe
- 400 ml Kokosnussmilch (Asienladen)
- 1/2 TL Korianderpulver
- 1 TL Currypulver
- 1/2 TL Thymiannadeln
- 250 g rohe, geschälte Garnelen (ohne schwarzen Faden (Darm))
- 1 EL Zitronensaft
- 50 g Sahne
- Salz, Pfeffer

**30 Minuten**

Pro Portion: 200 kcal/820 kJ

**1** Paprikaschote halbieren, putzen, waschen und klein würfeln. Frühlingszwiebeln waschen, putzen, in Ringe schneiden und mit den Paprikawürfeln mischen.

**2** Knoblauch abziehen und hacken. Ingwer schälen und klein schneiden. Hühnerbrühe, Kokosnussmilch, Knoblauch und Ingwer in einem Topf aufkochen. Koriander, Curry und Thymian dazugeben. Die Hälfte der Paprika-Zwiebel-Mischung darunter mischen und die Suppe 5 Minuten kochen lassen.

**3** Die Garnelen mit dem Zitronensaft beträufeln, in die Suppe geben und etwa 5 Minuten bei schwacher Hitze mitgaren.

**4** Den Topf von der Kochstelle nehmen und die Sahne unter die Suppe rühren. Mit Salz und Pfeffer abschmecken und die restlichen Gemüsewürfel vor dem Servieren darüber streuen.

### Variante

Anstelle der Garnelen können Sie auch Fischfilet oder Hähnchenbrustfilet verwenden.

### Gesundheitstipp

Garnelen enthalten viel Cholesterin. Das ist jedoch nur für Menschen mit einer gestörten Regelung des Cholesterinspiegels von Bedeutung. Sie sollten Cholesterinreiches meiden bzw. in Maßen zu sich nehmen.

Spezialität aus der Karibik

# Tomaten-Orangen-Suppe

**Für 4 Portionen:**
- 1 kg reife Tomaten
- 2 unbehandelte Orangen
- 2 Frühlingszwiebeln
- 2 EL Zitronensaft
- 1 EL Speisestärke
- Salz, 1 Prise Zucker
- 1 Bund Basilikum
- Pfeffer

**30 Minuten**

Pro Portion: 90 kcal/380 kJ

**1** Tomaten waschen, halbieren, Stielansätze entfernen. Das Fruchtfleisch in einen Topf geben, mit dem Mixstab pürieren.

**2** Orangen waschen und von 1 Orange die Schale in dünnen Streifen abschälen. Die Früchte halbieren und auspressen. Die Frühlingszwiebeln waschen, putzen und in Ringe schneiden.

**3** Orangenschale, Frühlingszwiebeln und Zitronensaft zu den Tomaten geben und bei schwacher Hitze 5 Minuten kochen lassen.

**4** Die Speisestärke mit dem Orangensaft verrühren, in die kochende Suppe geben und 1 bis 2 Minuten unter Rühren mitkochen. Die Suppe mit Salz und Zucker würzen. Das Basilikum waschen und trockenschwenken. Die Blättchen abzupfen und unter die Suppe rühren. Die Suppe großzügig mit gemahlenem Pfeffer bestreuen und sofort servieren.

**Gesundheitstipp**
Diese Suppe enthält kein Fett und reichlich Nährstoffe: Vitamine, Mineralstoffe, Fruchtsäuren, ätherische Öle und andere bioaktive Substanzen. Ein ideales Gericht während einer Schlankheitskur!

*Die Tomaten-Orangen-Suppe ist schnell zubereitet und eignet sich gut als leichte Vorspeise.*

# Glossar

## Bouillon
Darunter versteht man eine klare Fleisch-, Geflügel- oder Gemüsebrühe, die ausgekocht und danach passiert, also durch ein Sieb gestrichen, aber nicht geklärt wird. Eine Bouillon darf Fettaugen haben.

## Brühe oder Fond
So heißen intensiv gekochte Bouillons. Brühen können aus Gemüse, Fleisch, Knochen, Fisch oder Garnelenschalen selbst gekocht werden (siehe Seite 10). Die Bezeichnung »Fond« wird meist für Fisch- oder Hühnerbrühe verwendet. Für die schnelle Küche gibt es fertige Brühen in Pulver- oder Pastenform. Empfehlenswert ist auch Fond, der in Gläsern angeboten wird.

## Brühwürfel, Instant-Brühe
Das Konzentrat aus gekochtem und getrocknetem Suppenfond wird durch Aufgießen gelöst und ersetzt in der schnellen Suppenküche die selbst gemachte Brühe. Gekörnte Instant-Brühe ist ein ideales Würzmittel.

*Muskatnuss wird fein gerieben zum Würzen verwendet.*

## Consommé double
Ist die Bezeichnung für eine doppelt konzentrierte Kraftbrühe. Da sie relativ aufwendig in der Herstellung ist, wird sie in diesem Buch nicht vorgestellt. In der klassischen Restaurantküche gibt es viele Einlagenvarianten.

## Consommé
Sie wird in der Küchensprache auch als »Kraftbrühe« bezeichnet und ist eine klare, magere, kräftige Brühe, die meist aus Rindfleisch, Gemüsen, aber auch aus Geflügel, Fisch oder Wild hergestellt wird. Consommés dürfen keine Fettaugen haben. Sie wurden ursprünglich vor der Abendmahlzeit als Appetitanreger serviert.

## Croûtons
Weißbrotwürfel, knusprig in Butter oder Öl gebraten, nach Belieben zusammen mit feingewürfeltem Knoblauch.

## Kräuter-Crème-fraîche
Die fein gekräuterte Crème fraîche gibt es fertig im Kühlregal zu kaufen. Sie ist ideal zum Verfeinern von Suppen oder Saucen.

## Mehl
Zum Binden von Suppen können Sie weißes Mehl (Type 405) oder dunklere Mehle mit höherer Typenzahl bzw. Vollkornmehle verwenden. Das wertvolle Dinkelmehl ist für Suppen besonders gut geeignet.

## Muskatnuss, Muskatblüte
Muskatnuss am besten immer frisch in die Suppe reiben.

Muskatblüte ist die gemahlene getrocknete Samenhaut der Muskatnuss. Sie ist wie Muskatnuss zu verwenden, jedoch feiner und dezenter im Aroma.

*Erbsen und Möhren sind beliebte Suppengemüse.*

**Petersilienwurzel**
Ist die aromatische Wurzel der glatten Petersilie. Wegen ihres milden Petersiliengeschmacks eignet sie sich als Zutat für Suppen und Saucen besonders gut.

**Pürieren**
Suppen lassen sich mit dem Mixstab direkt im Topf oder im Mixer cremig pürieren.

**Safranpulver oder –fäden**
Das edle Gewürz wird hauptsächlich zum Färben und Würzen von Fisch- oder milden Gemüsesuppen verwendet. Würzt in kleinen Mengen.

**Schalotten**
Sie sind die kleinen, milden Schwestern der Haushaltszwiebeln und eignen sich besonders für Suppen, in denen ein milder Zwiebelgeschmack erwünscht ist.

**Suppeneinlagen**
Als Einlagen in klare Brühen bieten sich unterschiedlichste Klößchen, kleine Nudeln, Brotwürfel, gestocktes Ei, Getreide oder Reis an (siehe auch Seite 11).

**Suppenfleisch**
Besonders geeignet ist vom Rindfleisch: Brustkern, Wade, Querrippe, Bauchlappen, Ochsenschwanz, Beinfleisch; vom Kalb: Nacken; darüber hinaus bilden Suppenhühner, Fleischteile vom Wild und Fischabschnitte eine gute Basis für kräftige Brühen.

**Suppengemüse oder Suppengrün**
Möhre, Sellerie und Porree werden das ganze Jahr über in kleinen Portionen gebündelt angeboten. Suppengemüse gibt es auch fertig vorbereitet in der Tiefkühltheke des Supermarkts.

**Suppengewürze**
Salz, Kräutersalz, Pfeffer – am besten bunt gemischt-, Muskatnuss oder -blüte, Currypulver und nahezu alle frischen und getrockneten Kräuter eignen sich zum Würzen von Suppen.

**Suppenkräuter**
Glatte und krause Petersilie, Schnittlauch, Kerbel, Dill, Kresse, Rucola, Zitronenmelisse und Thymian sollten Sie am besten frisch in der Suppenküche verwenden.

# REGISTER

# IMPRESSUM

**Die Autorin**
Johanna Handschmann war lange Jahre Hauswirtschaftslehrerin und Fachschulrätin. Heute lebt und arbeitet sie als freie Autorin in der Nähe vom Bodensee. Sie hat bereits mehrere Kochbücher veröffentlicht und ist vor allem als Fachautorin zu den Themen »Vollwertküche« und »Trennkost« in Erscheinung getreten. Des Weiteren hält sie Kochkurse und Weinseminare ab.

**Der Fotograf**
Klaus Arras ist freiberuflicher Fotograf, er lebt und arbeitet in Köln. Seine Liebe zu gutem Essen hat mit dazu beigetragen, dass er sich mehr und mehr der Foodfotografie zugewandt hat. Für dieses Buch hat er Suppen stimmungsvoll und appetitlich in Szene gesetzt. Klaus Arras ist für namhafte Verlage im In- und Ausland tätig.

**Umwelthinweis**
Dieses Buch wurde auf chlorfrei gebleichtem und säurefreiem Papier gedruckt.

Der Text dieses Buches entspricht den Regeln der neuen deutschen Rechtschreibung.

ISBN 978-3-8094-2205-1



**Umschlaggestaltung:** Atelier Versen, Bad Aibling
**Innenlayout:** Manuela Hutschenreiter
**Redaktion:** Redaktionsbüro Cornelia Klaeger, München, mit Christiane Hunstein (Redaktion) und Ludger Vorfeld (DTP)
**Projektleitung für diese Ausgabe:** Claudia Markl
**Bildnachweis:** Rezeptfotos: Klaus Arras, Köln; alle anderen Bilder: Südwest Verlag, München



**Druck und Bindung:** Neografia, Martin
Printed in Slovakia

817 2635 4453 6271